遇見・幸福

情愛溝通的22堂課

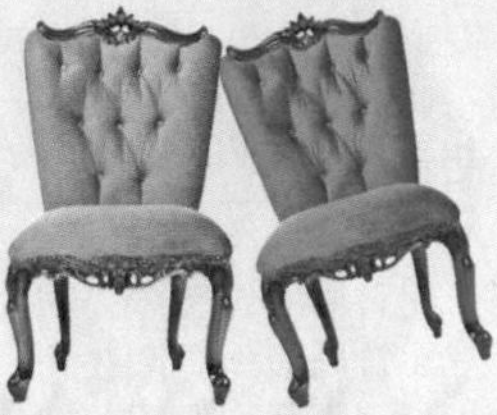

life

生命. 生活. 生涯

精神. 活力. 新生

發現生命的價值 肯定生命的可貴

國家圖書館出版品預行編目資料

遇見‧幸福：情愛溝通的22堂課 / 王淑俐著. ——初版一刷. ——臺北市: 三民, 2012
面； 公分. ——(LIFE系列)

ISBN 978-957-14-5596-9 (平裝)

1. 兩性溝通 2. 兩性關係

544.7　　100024183

著作人　王淑俐
責任編輯　闕瑋茹
美術設計　石佩仟
插畫設計　胡鈞怡

發行人　劉振強
著作財產權人　三民書局股份有限公司
發行所　三民書局股份有限公司
地址　臺北市復興北路386號
電話　(02)25006600
郵撥帳號　0009998-5
門市部　(復北店) 臺北市復興北路386號
(重南店) 臺北市重慶南路一段61號

出版日期　初版一刷　2012年1月
編號　S 500290

行政院新聞局登記證局版臺業字第〇二〇〇號

ISBN 978-957-14-5596-9 (平裝)

http://www.sanmin.com.tw　三民網路書店

叢書出版緣起

現代人處在緊張、繁忙的生活步調中，在承受過度心理壓力而不自知的情況下，逐漸形成生理與心理疾病，例如憂鬱、躁鬱、失眠等，這種種的問題，不僅呈現在個人的身心層面，更可能演變成為家庭破碎的悲劇，甚至耗費莫大的社會成本。我們從近年來發生的自殺、家暴、卡債族、失業問題等種種新聞中，不難發現問題的嚴重性，這些可能正發生在你我身邊的真實生命故事，也讓許多人不禁發出「我們的社會究竟怎麼了」的喟嘆！

面對著一個個受苦而無助的靈魂，我們能夠為他們做些什麼？而身為對社會具有責任的文化出版者，我們又能為社會做些什麼？這一連串的觀察與思考，促使我們更深刻地反省，並澄清我們的意念，釐清我們想帶給社會一些什麼樣的東西，讓臺灣的社會，朝向一個更美好、更有希望，及更理想的未來。以此為基礎，我們企畫了【LIFE】系列叢書，邀集在心理學、醫學、輔導、教育、社工等各領域中學有專精的專家學者，共同為社會盡一分心力，提供社會大眾以更嶄新的眼光、更深層的思考，重新認識自己並關懷他人，進而發現生命的價值，肯定生命的可貴。

要解決問題，必須先面對問題、瞭解問題，更要能超越問題。從這個角度出發，【LIFE】系列叢書透過「預防性」與「治療性」兩種角度，對現代人所遭遇的心理與現實困境，提出最專業的協助，給予最真心的支持。跳脫一般市面上的心理勵志書籍、或一般讀物所宣稱「神奇」、「速成」的效用，本叢書重視知識的可信度與嚴謹性，並強調文字的易讀性與親切感，除了使讀者獲得正確的知識，更期待能轉化知識為正向、積極的生活行動力。

值得一提的是，參與寫作的每位學者，不僅在學界與實務界學有專精，最令人感動的是，在邀稿過程中，他們與三民同樣抱持著對人類社會的理想與熱情，不計較稿酬的多少，願對人們的身心安頓進行關照，共同發心為臺灣社會來打拼。我們深切地期望三民【LIFE】系列叢書，能成為現代人的心靈良伴，讓我們透過閱讀，擁有更健康、更美好的人生。

三民書局編輯部　謹識

自序

愛情中最弔詭的部分為，是否有「理性」成分的存在？有人完全否定，認為有了「理性」，就不算是愛情了。於是，當任何一方覺得「錯愛」時，就不敢怪罪愛情；因為愛得愈狂野，就愈不理智。但是，若損失過於慘重，仍不免暗自懊惱，當初若能多一些理性判斷，是不是就不會走到這步田地？

如果你還能讀到這本書（或修到這門課），就表示你還有機會「學習」。愛情一如開車，同樣相當危險，必須遵守交通規則、具備駕駛道德，更要隨時注意他人的「動向」，以彌補對方的「莽撞」。沒有人敢「盲目」駕駛，愛情也一樣，不能單憑衝動，不顧一切地一頭栽入。若遭到背叛，情傷還是小事；若陷入暴力對待的惡性循環（如肢體、言語暴力或性虐待），彷彿小說或電影中「生不如死」的痛苦情節，甚至因此喪失寶貴的生命（情殺或自殺）。這些狀況光是聽聞，就令人不忍卒睹；何況若當事人就是自己或親朋好友時，又情何以堪？

每個人都有愛與被愛的自由與權利，這本書的創作，就是為了維護你的這項基本人權，讓你對愛情與婚姻產生信心。因為「對的人」出現，因而「遇見幸福」，進而建立甜蜜的家庭。家人間一起用餐、散步、談心，成功時分享榮耀，困阨時分擔苦惱。

「情愛溝通」這門課，需要學習的地方很多，如：

透過溝通，了解對方的個性、脾氣、生涯規劃、家人關係等，以確定對方是「對的人」；反之，對方也透過這個過程尋找「對的人」。

透過溝通，處理雙方的歧見，化解有形與無形的障礙；而非一味地逃避或假裝沒有問題，誤以為愛情的魔力能輕易創造奇蹟（結果證明只是妄想）。

透過溝通，建構彼此堅固的家庭城堡，學習成為成熟的父母，使下一代能在健全的家庭中成長。這對於臺灣目前「不婚、不生、不育」的現象，長遠來說應有扭轉的作用。

透過溝通，保持愛情的暖度到天長地久……。

最後，以SHE的歌曲〈愛就對了〉（施人誠作詞）作為結論：「愛這門功課，艱深但快樂，愛就對了，愛來了別錯過」。

王淑俐

二〇一一年十二月

遇見·幸福：情愛溝通的22堂課

目次

第一篇

「對的人」出現，在眼角

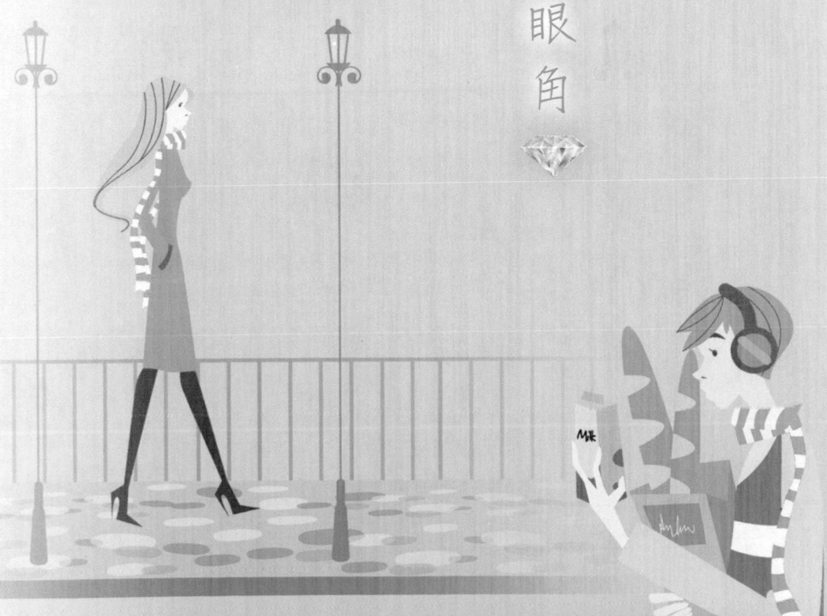

誰是我的Mr./Miss Right?

1
Q1.有額外收入時？
有錢當然先存一半，另一半再拿去逛街買東西囉！
喂！又要我提東西了嗎？有錢不會全部存啊？
2
Q2.到哪裡約會？
當然是去看電影、溜冰、打撞球……
什麼？就只會玩！不能浪漫一點嗎？
3
怒
你這現實、無趣、粗枝大葉的傢伙！
妳這任性、浪費、只會碎碎念的女人！
4
Q3.對彼此的感覺是？
愛呀！但他（她）說的我都不同意！

大概是二〇〇五年吧！我開始教授「情愛溝通」這門課。原本授課的游教授，因為借調擔任政府官員，所以將這新鮮又重要的課程「託付」給我。我受寵若驚，原本不敢接受；我以為，高大帥氣的他，才符合開課的條件吧！但，游教授說服了我：「為了符合性別平等，男老師、女老師都該開這門課。」於是，我重拾年輕的心，和大學生一起「談情說愛」！

愛情的組合

上課第一天，我總愛從「對的人」這個基本觀念說起。以「自己」及「他人」兩個向度加以組合，就會產生四種「結果」。

由下頁的圖表可見，四種組合中最危險的是「不對的人，不對的人」；其次的兩種，都因為有一方是「不對的人」，即使努力找到「對的人」，結果仍不樂觀；不是救不了對方而被拖累或受傷，就是到頭來一場空而浪費感情與時間。但，誰肯承認自己是「不對的人」？

最安全的只有「對的人，對的人」這個組合，而且要先使自己成為「對的人」，有了健康的愛情觀，自然能吸引「對的人」。所以，與其去找「值得愛的人」，不如培養自己成為「值得愛的人」。

接著我就會開口唱〈對的人〉這首歌，對！別懷疑！我親自唱，不是播放戴愛玲的MV。因為，我一開口，學生受到「驚嚇」，上課精神立即大振！另一方面，不少學生說我的歌聲能溫暖人心，要我繼續唱，唱給「對的人」聽。

愛情的組合		對方	
		對的人	不對的人
自己	對的人	注定的幸福	不幸的開始，因為自己可能要被對方拖累
	不對的人	不幸的開始，因為自己可能拖累對方	注定的悲劇

對的人

演唱：戴愛玲
作詞：姚謙

愛要耐心等待，仔細尋找，感覺很重要。
寧可空白了手，等候一次，真心的擁抱。

人為萬物之靈，沒有「愛的感覺」，不會隨隨便便「在一起」。而且必須「相愛」，否則不會真正成為「一對」。所以，「愛雖然很美妙，卻不能為了寂寞，又陷了泥沼。」要耐心地尋找「真愛」，不要心急！至少能減低出錯的機率。

電視劇《我的完美男人》中，身為整形醫師的女主角，將除了太胖之外，其他都很完美——脾氣好、體貼、擅長家事及烹飪的男主角，改造成足以擔任模特兒的型男，最後兩人終成眷屬。這畢竟是戲劇，真實世界的情節較符合〈不，完美〉這首歌。努力讓自己完美之後才發現：完美只是自欺欺人的假象，因為對方竟以「你太完美」作為離開你的理由。

不，完美

完美並不美，我們多虛偽，你讓我的好，變成一種罪。
完美並不美，當你愛了誰，我的完美也只是不完美。

演唱：李玟哲
作詞：林燕岑

到底怎樣的人，才算是Mr./Miss Right？達到〈小酒窩〉（林俊傑、蔡卓妍演唱，王雅君作詞）這首歌所唱的：「終於找到心有靈犀的美好，一輩子暖暖的好，我永遠愛你到老。」或是〈黑白配〉（范瑋琪演唱、作詞）：「也許黑永遠不明白，在這個彩色的世界，有你我才會存在。」

其實，怎麼唱都對，在感情還沒變質前，彼此都「深信」對方是自己要找的「對的人」。沒有幾個人能理性覺察到，雙方可能有無法彌補的差異存在。如香港知名藝人鍾鎮濤與前妻章小蕙合唱〈我的世界只有你最懂〉時，一定以為會天長地久，怎料後來竟然離異。

我的世界只有你最懂

演唱：鍾鎮濤、章小蕙
作詞：陳樂融

今生再也不怨尤，今生再也不漂流，
因為我的世界只有你最懂。

幸福一點靈

1. 先使自己成為「對的人」，有了健康的愛情觀，自然能吸引「對的人」，不要本末倒置、操之過急。
2. 愛要耐心等待，仔細尋找，感覺很重要。否則寧可保持「單身」狀態，不必為了戀愛而戀愛。

如果遇到「不對的人」？

「不對的人」，至少有下列幾種：

脾氣暴躁、思想不成熟、行為幼稚

有這種性格缺點的人，對任何人來說都是「不對的人」。如證嚴法師說：「人心地再好，嘴巴、脾氣不好，仍不算好人。」以及德蕾莎修女說：「人最大的缺點是壞脾氣。」

從日常生活的小地方，或是對方與家人的相處模式，就可觀察出是否有這些性格問題。性格是先天及後天雙重因素長期型塑而成，要改變也非一夕之間。若企圖以愛情的力量來改造對方，通常兩敗俱傷。

以單一條件代表整體

以單一條件的完美代表整體，容易犯「以偏概全」的錯誤。凡事有得必有失，聰明的人較易驕傲，漂亮的人較不講理，富有的人較易輕視別人、吃不了苦……。挑選情人時，若過度看重才華、外表、家世、財富等單一條件，可能就看不到其他面向及缺點，將來反而「得不償失」。

所以，當你以為找到「完美男人（女人）」時，其實可能是噩夢的開始。日後就算你一再自我催眠：「為了這麼美麗（英俊）、有才華……的人，一切的犧牲都很值得」，終究還是會有後悔的一天。

不適合自己

就像每個人喜歡的顏色、食物、穿著、生活方式、休閒活動不同，所以應各取所需。如果不喜歡某種食物或穿著，無論東西再好吃或服裝再流行，也很難假裝喜歡它。更何況，愛情比起吃東西、穿衣服、買房子複雜多了，不是自己能夠完全主控。

你喜歡對方，若對方不選擇你，也勉強不來。另外，年齡、家庭、學歷、價值觀、宗教觀等有形或無形的阻礙過大時，也會成為愛情的考驗。

相愛容易相處難，在認識與溝通彼此差異的過程中，就能考驗兩人是否適合。父母愛兒女，猶會因不夠了解而給孩子太大的壓力，何況來自不同環境、沒有血緣關係的戀人，更不容易真正了解對方。

幸福一點靈

1. 性格缺陷過大時，不要妄想能以愛情力量來改造對方，結果通常是兩敗俱傷（而且自己受傷更重）。
2. 談戀愛不全是「甜言蜜語」，更需要「理性溝通」。在認識與溝通彼此的差異時，才可能知道對方是否適合自己。

遇見真愛

真正的相愛，不是「口惠而實不至」，更不能「口是心非」。「事實勝於雄辯」，必須以「同理心」真正關心對方、尊重對方、支持對方，而且幫對方圓夢，不管過程再怎麼辛苦，也甘之如飴。女兒讀國中時曾問：「怎樣的男人可以嫁？」我則用唱的來回答：

牽手

演唱：蘇芮
作詞：李子恆

因為愛著你的愛，因為夢著你的夢，
所以悲傷著你的悲傷，幸福著你的幸福。

「對的人」就是具有高度同理心，能了解你的感受，支持與協助你圓夢的人。58歲的黃智勇，就是這種「可以嫁」的男人。他與妻子的故事，在二〇〇八年被改編為《百萬步的愛》一書，更在二〇一一年被拍成電影《帶一片風景走》。

真實案例停看聽

二〇〇七年六月十七日，黃智勇推著坐在輪椅上、罹患小腦萎縮症的妻子蔡秀明，利用放假時間、以分段接力方式，花了近一年徒步環島旅行。

一九八五年，黃智勇獨自沿著臺灣海岸線徒步環島旅行，走了五十天。後來蔡秀明得知丈夫的壯舉，表示有機會希望跟他再走一次。一九九五年，蔡秀明診斷出罹患小腦萎縮症，四年後就不能走路了。坐不到一小時就須臥床休息，躺久又會生褥瘡及呼吸困難。黃智勇才警覺，再不帶她去環島，就無法幫老婆圓夢了。他們花了半年時間鍛鍊腿力及體力，在未徵詢醫師的意見之下就出發了。因為黃智勇知道，醫師是不可能同意的。

黃智勇任職於臺北市政府環境保護局內湖垃圾焚化廠，上班九天，可連休三天；所以他採取「分時分段」方式，每次走兩三天，每天走廿公里，吃、住隨緣（免費的廟宇、學校、涼亭，甚至工寮、公墓）。下次休假時，再從上次走到的地點出發。

一路走來，原本呻吟不斷的妻子，幾乎忘了病痛，休息不到十分鐘就催著老公出發。見到迷人的風景，蔡秀明總咿咿呀呀的說：「這兒好美！老公，加油！我很開心。」這些話就是鼓勵黃智勇前進的動力。黃智勇每推廿分鐘輪椅，就停下讓妻子平躺休息，幫她按摩。看著妻子逐漸變形的臉龐，黃智勇仍認為她是最美的女人。他利用攝影機、照相機，記錄兩人出遊的情景。

他說：「因為愛她，再辛苦都願意。」「廿年前見秀明那一眼，就決定娶她為妻，不管她變老、變醜。」令人難過的是，蔡秀明於二〇〇九年九月廿日病逝，他們的一對子女也罹患了小腦萎縮症。黃智勇到中華小腦萎縮症病友協會擔任志工，陪伴自己的孩子，也幫助其他病友。

「即使配偶重病，對方仍不離不棄」的真愛故事，在我身邊也有一對。他倆都是我的學生，妻子罹患俗稱蝴蝶斑的紅斑性狼瘡，因為服藥的關係，身體一直不好，還動了子宮切除手術（他們沒有孩子），然而丈夫始終笑臉相向、輕聲細語，態度十年如一日。若非真愛，他早有足夠藉口，另外尋找幸福去了。

如果一方的條件及狀況原本很好，後來變得不好時，更能考驗當初的承諾是否為真愛？每個人都有權利追求真愛、相信真愛，不論條件及狀況的好壞。通過考驗的愛，才是真愛。

幸福一點靈

1. 「對的人」就是具有高度同理心，了解你的感受，支持與協助你圓夢的人。所以，愛情與夢想並不相違背。
2. 每個人都有權利追求真愛、相信真愛，不論條件及狀況的好壞。
3. 真金不怕火煉，真愛不畏考驗。

愛的練習曲

1. 觀察自己或他人的愛情組合為何？
2. 觀察自己或他人是否為「不對的人」？
3. 尋找「真愛楷模」（父母師長或其他名人），以激勵自己相信愛情。

請別「動不動就說愛我」

親密～
好喜歡跟妳在一起的感覺！
激情
親愛的，我無時無刻都想擁抱妳、親吻妳！
承諾
你如果這麼愛我，那就跟我結婚呀！
不過你要負起車子、房子、孩子等的一切責任喔！
三角形缺角了……
咦咦咦！
……對不起

誰能「執子之手，與子偕老」（《詩經・邶風・擊鼓》）？永浴愛河、白頭偕老，有說的那麼容易嗎？

愛情三角形

耶魯大學心理學家史坦博格(Robert Sternberg)，一九八六年提出「愛情三角形」(Triangle of love)理論，認為愛情像是三角形，應包含三個元素——親密、激情、承諾。

親密(Intimacy)

親密是愛情的情感元素，是一種投契、心靈結合的默契。感覺與所愛的人非常親近，凡事都可以和對方分享，並得到支持。親密感的表達方式是：以內在感覺來溝通，願分享個人所擁有的事物，包括時間和自我，也會相對提供對方情感上的支持。

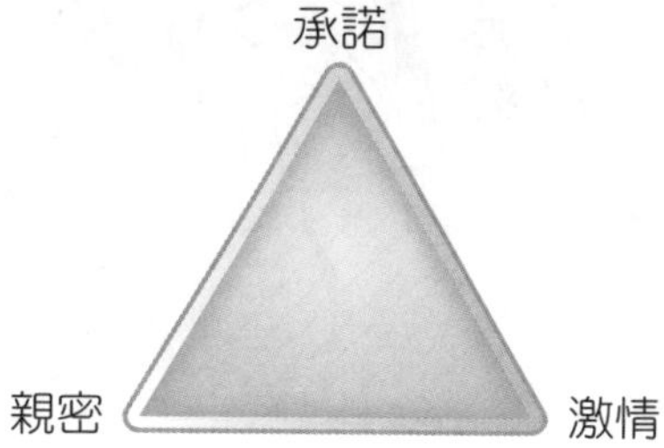

激情 (Passion)

激情是愛情的動機元素，能喚起心理的注意，熱切地想和所愛的人聯結。通常進展得很快，並非循序漸進。激情表現的行為是：希望和所愛的人在一起，相處時覺得快樂溫馨，分離時有強烈的思念，覺得對方很有吸引力，藉由親吻、擁抱、撫摸、做愛等傳達。

承諾 (Commitment)

承諾是愛情的認知元素，人們可能在瞬間愛上某人，卻要在確定雙方的關係之後，才會給予長期的承諾。承諾是維持關係的動力，以忠誠、患難與共，或藉由訂婚、結婚等來實現。

由上述理論可知，愛情包含生理上的激情，是非常美好愉快的，所謂「一日不見，如隔三秋」、「不看你的眼，不看你的眉，看了心裡都是你，忘了我是誰」。無須一味壓抑，甚至逃避、貶抑。但是，激情幾乎是本能反應，不僅不必特別增強，有時還需要「理性」加以克制。

愛情並非只有浪漫，有人為了討情人歡心，結果卻適得其反。例如，曾有位大學生，為了幫女友慶生，費盡力氣在旅館床上，以一百根小蠟燭排成 Happy Birthday 字樣，點燃後再外出接女友。卅分鐘後回來，才知已發生火災，除涉及公共危險罪外，還要支付百萬元的賠償金。

若想真正的「羅曼蒂克」（浪漫），戀愛的過程中，就得加強溝通的「量」與「質」。增加溝通次數、培養溝通的素養與能力，才能增加相知相惜的感受，享有精神層次的快樂。如〈小酒窩〉一曲所唱的：「幸福開始有預兆，緣份讓我們慢慢緊靠，然後孤單被吞沒了，無聊變得有話聊。」

若還要「擁有」，就需要給予及獲得「承諾」。當你不願意與人「分享」，對方也不想屬於你個人「獨有」，愛情就成了痛苦的源頭。如下面這首老歌：

動不動就說愛我

演唱：芝麻、龍眼
作詞：林秋離

每個人都錯，錯在自己無保留，輕易讓愛上心頭。

動不動就說愛我，也不問我要什麼，給一個捉不到的承諾。

許多人「輕率」說出「我愛你」，卻未慎重思考自己實踐承諾的能力，另一方也「輕易」相信了愛的誓言。此時，真不知「輕率」或「輕易」，誰犯的錯比較大？

幸福一點靈

1. 激情幾乎是本能反應，不僅不必特別增強，有時還需要「理性」加以克制。因為必須考量到，激情過後的結果會是什麼？
2. 增加溝通次數、培養溝通的素養與能力，才能增加相知相惜的感受，享有精神層次的快樂。這才是愛情真正迷人與持久的原因。

愛情類型

藉由愛情三元素的組合，就會產生不同類型的愛情樣貌，如：

- 親密＝喜歡。
- 激情＝迷戀。
- 承諾＝空洞的愛。
- 親密＋激情＝浪漫之愛。
- 親密＋承諾＝同伴之愛。
- 激情＋承諾＝痴愛。
- 親密＋激情＋承諾＝圓滿的愛。

除了最後一項三者兼具之「圓滿的愛」，其他的喜歡、迷戀、空洞的愛等，都不是真正或健全的愛情。只會使人忐忑、猜忌、焦慮，一點都不覺得踏實、幸福。

戀愛的過程中，不乏上述自以為是「愛」的犯錯經驗，其中以迷戀、浪漫之愛、痴愛這三種最為常見。這些愛都不完整或不平衡，愛得愈多，製造的問題也愈大。只是每個人認清愛情真相的能力不同，因此受苦的程度各異。但不論如何，都希望能像下面這首歌所唱的：

領悟

演唱：辛曉琪
作詞：李宗盛

我們的愛若是錯誤，願你我沒有白白受苦，若曾真心真意付出，就應該滿足。

要獲得圓滿的愛，有許多功課要做，否則愛得愈強烈，錯得愈離譜。例如：

- 要懂得與戀人溝通、分享及交流內在的感受。
- 要懂得支持及鼓勵戀人。
- 願意負起建立長期關係後產生的愛情責任。
- 以理性來節制激情，以免激情太過、樂極生悲。

- 能分辨迷戀或真愛、愛情或友情。
- 不隨便承諾，以免自己做不到。
- 對於不屬於自己、不可能持久的夢幻之愛，要學會及早放下。

幸福一點靈

1. 不健全的愛，只會使人忐忑、猜忌、焦慮，一點都不覺得踏實、幸福。你的愛情呢？
2. 每個人認清愛情真相的能力不同，因此受苦的程度各異。所以，還要繼續自欺欺人嗎？

什麼時候開始談戀愛？

其實，真正的重點不在於什麼時候開始談戀愛，而是不管愛情來了沒有都「不要著急」。不要擔心愛情遲到，更不要急著一頭栽進愛河。感情是需要時間培養的，何況還得找到「對的人」。我們是跟真實的人談戀愛，而非跟想像中的完美情人交往。

真正的愛情不只有生理激情，還需要心理的親密與默契，並且確定對方能夠實踐他許下的承諾。這些都需要相當長的時間考驗，或給彼此成長與調適的空間。不要急著宣布彼此是一對戀人，先做一段時間朋友（建議至少三個月），較能觀察到對方的真實面貌。

以我國目前的晚婚狀況來說（男約32歲，女約28歲），從17歲開始憧憬愛情到真正修成正果，至少十年時間。以「時間象限」的觀點而言，找到「對

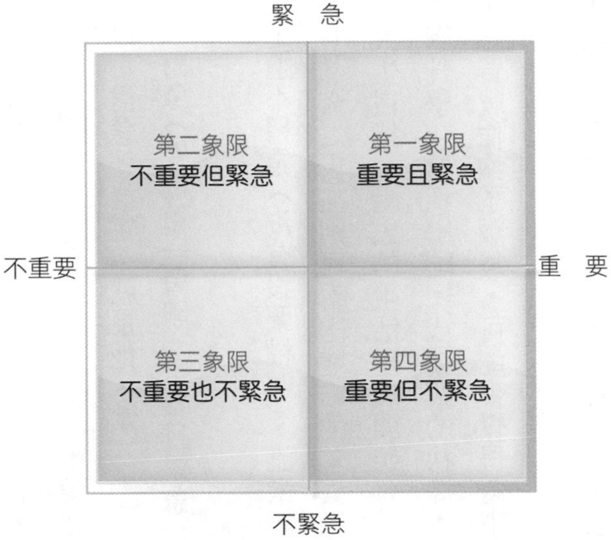

的人」，是第四象限「重要但不緊急」的事。可以早點開始、拉長時間，才可能耐心等待、仔細尋找。但不要太快「認定」，變成第二象限「不重要但緊急」；因為還有很長的時間，所以不需急著決定「就是他（她）了」。當然也不要太晚，到了結婚前才開始找對象（變成第一象限「重要且緊急」），也容易做出錯誤的選擇。

以大學生而言，大學一年級幾乎還不穩定（沒有投票權呢），誰敢說自己不會改變？所以不要太快認定對方。大二大三則可看出雙方的差異，也許一方非常積極進取，一方卻缺乏人生目標，兩人的生活步調開始有了落差，進入愛情考驗期。大四面臨繼續升學（包括出國）或就業的抉擇，人生道路可能從此不同。這時，換個位置就像換了腦袋，可能會覺得愈來愈不認識對方，因而走上分手之路。

感情隨著年齡及階段任務的不同，需要調整與經營，才能持續走下去；而且關係愈來愈好，才有資格走入婚姻、相偕到老，如下面這首歌所唱的：

今天妳要嫁給我

演唱：蔡依林、陶喆
作詞：陶喆、娃娃

手牽手，我們一起走，把妳一生交給我。
昨天不要回頭，明天要到白首，今天妳要嫁給我。

幸福一點靈

1. 不管愛情來了沒有，都「不要著急」，身旁的位置要留給「真愛」。
2. 找到「對的人」是件「重要而不緊急」的事。早點開始，才能從容地做選擇。

愛的練習曲

1. 以「愛情三角形」理論來觀察及評估自己或周遭朋友的愛情類型。
2. 尋找「圓滿的愛」的楷模（父母師長或其他名人）。
3. 觀察及評估自己，追求「圓滿的愛」的主要功課有哪些？

突破「阻愛」

1
耶！
終於考上博士班了！
恭喜～
恭喜～
2
看學長他高興成這樣…
一定是想到「自己美好的未來」而開心囉！
3
太好了，這樣「準岳父」要求的條件又完成一項了。
學位
車子
房子
職業
清單
4
什麼！！他是為了…
愛？！
更加敬佩…

愛情中有兩類阻礙，一為別人看得見或他人製造的「有形的阻礙」（含社會規範），如：家世背景、學歷、職業、外表、父母反對、年齡、異國戀、遠距離戀情等。

另一為「無形的阻礙」，是別人善意提醒或自己隱約不安、甚至不願面對或渾然未覺之處（當局者迷，旁觀者清）。例如：個性、興趣、生涯規劃、金錢觀念、價值觀念、政治立場、交友態度、生活方式等。

另外，班對或所謂辦公室戀情、網路情人、師生戀、婚外情等，則包含了有形及無形的阻礙。許多戀人樂觀地以為，這些阻礙可以藉著多相處及包容而解決，以為愛情的力量大過一切，這就變成愛情的盲點。愈否認有愛情的阻礙，也愈難克服阻礙。

有形的阻礙

父母反對

有些父母將子女的擇偶對象，限定在公務員或三師❶；認為只要有穩定的工作與不錯的收入，婚姻就有保障，其他都不會有問題。生長在幸福家庭或孝順的孩子，大都覺得「爸媽的話一定是對的」，難以抗拒這樣的建議或命令；就算不同意，也很難扭轉父母的觀點。

一旦遇到情投意合、各方面條件都優秀的親密愛人，但既非公務員也非三師，該怎麼辦？如果不論子女如何哀求或百般抗爭，父母仍堅決反對、不為所動，是要順應父母的意思分手，還是選擇走自己的道路？

其實，父母的觀點不無道理，是他們人生的智慧結晶。只是，若屈從父母的期待，日後卻不幸福，該怎麼辦？要父母為我們負責嗎？父母的建議雖然是善意的，但不一定客觀；所以，若我們覺得父母的反對沒有道理，「事實勝於雄辯」，就該證明給他們看。

然而，父母的人生經驗仍然可取，如果我們採信，並與父母協調出一個大家都能接受的決定，也是兩全其美之道。講到這兒，我就會以自己的

❶「舊三師」是指醫師、律師與會計師，近年來隨著社會變遷，強調個人化服務的「新三師」也逐漸崛起，如殯葬業的禮儀師、SPA 業芳療師與形象管理顧問等。

故事，來向學生證明。

真實案例停看聽

師丈是軍校的學生，恰好是師公最反對的女婿對象。因為師公本身就是職業軍人，長年不在家，不僅無法分擔家務與教養子女，也影響了夫妻情感。師公以切膚之痛（在我國小二年級時，父母離異），不希望愛女重蹈覆轍。

偏偏我「認定」了師丈（雖曾考慮過分手），師公苦勸不成，只好提出條件：「除非他考上研究所，否則一切免談」。師公的想法是：考上研究所，取得碩博士學位，就可能改變職業軍人的工作生涯。而且師公知道我一定還會追求更高學位，夫妻若不能同步成長，日後學識及社會地位的差距，也會摧毀夫妻情感。

師丈為了證明對我的真愛，卯足全勁考取了碩士班，我們才得以結婚。之後他又念完博士學位，而今轉型成功，軍職退役後轉到一般大學專任教職，目前擔任一級主管——學務長。我們在各方面的經驗都很契合，夫妻感情和諧，真不得不佩服師公的遠見。

年齡

年齡差距之大而令人嘆為觀止、震撼不已的是，二〇〇四年第一位華人諾貝爾獎得主（一九五七年物理學獎）、82歲的楊振寧，娶了28歲的翁帆。一般人認為，54歲的差距，應該有代溝存在吧！楊振寧卻認為，代溝對他們是正面的影響，並沒有衝突。代溝使他們對於不同時代、文化傳統，多了一些認識，增加了視野。

如果是女大男小，一樣也能圓滿、持久嗎？

二〇〇七年，「紅面棋王」周俊勳，與大他14歲的經紀人鄭淑卿結婚。周俊勳9歲就認識鄭淑卿，他說，相識十八年來，每次出國比賽只要有鄭陪同就很開心，不管輸贏，只要鄭在身邊就很安心，就算輸棋，也能從挫折中快速恢復。鄭淑卿國中畢業前赴日本學圍棋，一九九六年獲世界業餘男女配對賽冠軍。與周俊勳是第二次的婚姻，原育有一女。兩人目前已生了一個男孩，兒子取名「周錡」，「錡」與「棋」同音，是希望兒子也對棋藝有興趣。

曾任臺南縣長的蘇煥智，一九八二年的年底北上參加律師高考，在國光號上認識了在國中當老師的郭椿華。次年，27歲的蘇煥智娶了大他8歲的郭椿華。蘇煥智和太太沒有生小孩，有人認為是郭椿華年齡較大的關係；蘇煥智說，是因為他太忙了。對他來說，姊弟戀只有好處，沒有壞處，「太太每天為我準備愛心早餐，幫我跑行程，她很照顧我」。

國內女大於男的名人夫妻還有：陶晶瑩大李李仁5歲（結婚時女36，男31），狄鶯大孫鵬3歲（結婚時女36，男33），大S大汪小菲5歲（結婚時女34，男29）。這些都是相當值得關注的案例，其中狄鶯與孫鵬還經歷過一次離婚又再復合的過程。

我有一個24歲的女學生，男友才17歲。當時，她很猶豫，經過一年多的考慮才決定在一起。因為，她覺得對方很上進、成熟，對未來也很有規劃。當然，年齡的差距是否真為阻礙，還要經過好幾年的考驗才能定論，包括男生讀大學、服兵役等，至少五年吧！的確也有人像他們這樣，通過了考驗。

有人因為生長在單親家庭，從小缺乏父（母）愛，以致特別容易被年長的異性吸引。即使對方離過婚、有小孩，仍然陶醉在愛河中。只是昧於眼前殘酷的現實，一味沉溺於愛情裡，之後可能「苦不堪言」。因為彼此在一起，不能一味只「享受」對方的父（母）愛，而無法共同承擔家庭責任（照顧小孩、料理家務等）。

外表

《情人眼裡出西施》(*Shallow Hal*) 這部美國電影，描述男主角在愛情中原本「以貌取人」，一次特殊的機緣被「反催眠」之後，感官認知改變了，能把女孩的內在美看成外在美。一般人認為的醜女，只要心地善良，就能被他「看成」天仙，進而相愛。

後來當他再度被「催眠」回原本的美醜價值觀之後，跟別人一樣，他又以「外表」當作戀愛的單一標準，因而逃避噸位驚人的女友。但是，這部電影還是希望大家能擺脫以「外表」為擇偶條件的偏見，所以男主角最後終於「領悟」，選擇與「擁有美好內在」的胖女友「有情人終成眷屬」。

有人抱怨找不到好男（女）人，其實是被自己過於重視外表所局限。尤其是美女帥哥類型的人，更容易將對象鎖定在有姣好外型的對象。相對地，這些人容易受到眾人矚目，也想挑選外表更好的人。

泰國電影《初戀那件小事》(*Crazy little thing called love*)，描述一個外表不起眼的國中女生，愛上大她3歲的校園帥哥，為了能匹配學長，在朋友的協助下，她積極改善外貌。為改變黝黑的膚色，不惜試用各種美白偏方，不料卻把膚色弄成了深黃色，心儀的學長見了還問：「妳是黃疸嗎？要不要看醫生……」兩、三年後，她終於「變美麗」了，也成了校園風雲人物。當她自覺有資格當學長的女朋友而提起勇氣告白時，學長卻已答應與另一學姊交往……。

雖然這部電影最終安排兩人重逢，擁有快樂的結局，但仍不脫以外表為擇偶重要條件的刻板印象。

學歷與收入

國科會研究〈台灣結婚率與婚姻配對模式之變遷〉（楊靜利等，2004）結果指出：40歲以上的女性碩、博士未婚比率，已上升到16.24%；但同年齡的碩、博士男性，只有5%未婚。

傳統上對於結婚條件的既定看法，就是「男高女低」。女性找對象要「三高」：高學歷、高收入、高身高，年紀也要比較大。這種「向上婚配」，學術界稱為「婚姻斜坡」現象。但近年來女性教育程度大幅提升，所以學歷上「女高男低」已漸被接受（至少需要「大學」學歷）。

女性的教育程度提高，職場中獲得的成就感也不輸男性時，就希望擁有更精緻的婚姻關係，能繼續在婚姻中成長與自我實現。所以，無法接受不肯幫忙做家事，以及婚後不想工作的男性。現代女性想找既能打拚事業、又協助家事的「新好男人」，否則寧願不結婚。

有些男性則很難接受矮妻子一截的事實，或是老人家擔心兒子被「壓落底」。我的朋友當中，有不少夫婦兩人都擔任教授，就曾發生因妻子比先生早升等為教授，或學術論文較多，而遭到婆婆指責。

男性害怕女性拿到比他高的學位，就成天跟他說教、覺得比他厲害；所以，女性也要學習「收起自己尖銳的稜角」。真是這樣嗎？這時我又要跟學生說說自己的故事了。

真實案例停看聽

我與師丈同時念碩士班，畢業後因師丈是職業軍人，無法像我們這些平民百姓，可以自由決定是否繼續攻讀博士學位（我在一九八七年讀博士班，師丈直到一九九二年才讀博士班）。所以，當我讀博士班一年級時，有一次，在賈恩師馥茗先生教授的「教育與人格發展」課堂上，我問：「托佛勒在《大趨勢》一書說，廿一世紀是女性的世紀；因為女性愈來愈積極進取，而男性卻……，兩性該如何和平相處？」

馥茗先生「一針見血」地回答：「淑俐啊！妳是在擔心自己的婚姻吧！妳怕自己是博士，但不知丈夫是否會念博士班，所以你們之間會有很大的差距。淑俐啊！老師送妳兩個字，做得到，保妳百年好合；做不到，妳的離婚協議書可能比博士文憑來得早。」各位讀者，不用猜了！不是溫柔、體貼、尊重、感謝……，真的！沒有人猜到過！答案是「收斂」。

不管誰的學歷比較高，「學歷」與「好配偶」並不成正比。重要的仍是要扮演好妻子（丈夫）的角色，而非學歷高就高人一等。

歌手伍佰的妻子陳文佩是他的經紀人，比伍佰大5歲，學歷也比他高。妻子是碩士，伍佰僅高中肄業（就讀嘉義高中三年級時，因病休學）。但伍佰曾深情告白：「我的生命因她而變得完整。」

家世背景

曾有一個22歲的女大生在網路上爆紅，原因是她想要什麼東西就開口向網友要，希望有人買來當禮物送給她（三萬元以下），結果竟大都能如願。她的愛情價值觀念是：一定要嫁給有錢人，只要是有錢，就有一定的魅力。

與這個女大生相反的是，有人愛上對方，確實不是為了金錢。但後來發現對方出身豪門，與自己的家世截然不同時，該怎麼辦？要繼續下去嗎？家世會造成婚姻的阻礙嗎？如下面這則新聞（鄒秀明，2010）：

真實案例停看聽

總市值逾千億元的頂新集團魏家二董魏應交風光嫁女，三女婿洪肇謙非豪門世家，與新娘魏佩怡是在全家便利超商搭檔賣涼麵的同事。兩人因為認真研發讓涼麵賣得更好，曾經一起搭公車上下班，朝夕相處結下情緣。

洪肇謙表示，當時完全不知道魏佩怡的背景，交往第一年兩人還常搭公車上下班。魏佩怡貴為千金，看起來一點也不像，非常善良，個性相當好。

兩人在三年多前已先後離開全家便利超商總公司，魏佩怡到頂新集團財務長室做財務管理，男方則不願意透露現職。

這段婚姻仍有待觀察（當然給予深切的祝福），然而確實有不少因家世懸殊而走不下去的例子，如：關穎與黃志瑋、賈靜雯與孫志浩。發現家世不同、生活方式的差異較大時，要客觀地自問可否克服，再決定是否繼續交往。

幸福一點靈

1. 父母的人生經驗仍然可取，若能與父母協調出一個大家都能接受的決定，也是兩全其美之道。要相信，父母是真心愛孩子的。
2. 年齡的差距是否為阻礙，還要經過好幾年的考驗才能定論，不要太快認定或否認。
3. 有人抱怨找不到好男（女）人，其實是自己過於重視外表等條件。
4. 重要的是扮演好妻子（丈夫）的角色，而非比較學歷。
5. 發現家世不同、生活方式差異過大時，要客觀地自問：真的可以克服嗎？再決定是否繼續交往。

無形的阻礙

生涯規劃

生涯規劃或人生目標不同，會構成愛情的阻礙嗎？如果某方很積極地充實自己、有許多未來的計畫，另一方卻似乎懶散、停滯，嫌讀書及工作壓力太大，兩人會否漸行漸遠？

時代的進步，不僅表現在「男女平等」上，也有不少男性顛覆傳統對男性角色的期待，在日本被稱為「草食男」。他們的特色是安靜、溫和、節儉、彬彬有禮，野心較小，沒有較高的人生目標。對物質與名利的慾望很低，對戀愛的興趣也不高；但對自己的外表與穿著卻很講究，會花時間與金錢在美容與保養上。對個人嗜好很投入，重視與家人的相處；不喜歡長時間投入工作或提升社會地位，不積極於投資理財。與此相反的則被稱為「肉食男」（也稱雜食男），而相同特質的女性，則被稱為「肉食女」。

也就是說，現代男女的生涯規劃已不像從前「男主外，女主內」，女性也希望有發揮的空間。反之，不少男性則不再野心勃勃，這之間會否衝突？要如何調適？若為「肉食女」與「草食男」的組合，由妻子負責賺錢養家，丈夫在家工作且照顧子女，只要雙方有良好的溝通與調適，同樣也可以擁有美滿的婚姻。

遠距離戀情

如果可以選擇，最好不要「長時間」遠距離戀愛；畢竟「近水樓臺先得月」，人們還是會選擇靠近、又能同甘共苦的人。所以，如果有計畫去較遠的地方（外地或國外）求學或工作，而且時間較長（超過半年），就要跟所愛的人溝通，是一起去？或找出其他維持情感的有效方式？

正常狀況下的遠距離戀情，是雙方信任度與情感經營的考驗，例如服兵役，或短期（兩、三個月）到外地工作。若因此禁不起遠距離的考驗，則「變心」只是遲早的事。

不論距離遠近，戀人之間本要保持適當的距離。即使距離很近（求學或工作場合相同），也不必像連體嬰般同進同出；距離較遠時，仍要正常地過日子，也就是要學習獨立。許多遠距離戀情會失敗，即因靠近時太依賴，一旦分開頓失所依、無法正常度日，於是急於找到可以依賴的新戀情。

如果對方「太黏」，想要時刻與所愛的人在一起，不是他本身沒有安全感，就是你讓對方失去安全感。其實，愛得過於濃烈，彷彿心理學的「洪水猛獸法」❷，反而會對愛情倒盡胃口。

「細水長流」的愛情比較好，給對方空間，讓彼此正常地生活，這樣更能認識真正的他（她）。愛情並非生活的全部，如果要對方因為愛而犧牲其他的生活面向，這樣「不正常」的感情能維持多久？

其他如價值觀、家庭觀、宗教觀、政治觀等種種「隱形的阻礙」，都要正視與處理，以免滴水穿石，久了仍會摧毀愛情。

❷ 洪水猛獸法（Flooding）為心理學上的一種行為治療法，目的是在降低治療對象在面對某種刺激情境時所表現的反應。其做法是將治療對象暴露在大量且密集的該種刺激情境底下，讓刺激成為氾濫的狀態，久而久之，治療對象便不會再對之敏感。

幸福一點靈

1. 現在有不少男性顛覆傳統對男性角色的期待，所以，現代的愛情與婚姻，也可考慮「男主內，女主外」的類型。
2. 愛得過於濃烈，彷彿心理學的「洪水猛獸法」，反而會對愛情倒盡胃口。為了彼此真正美好的未來，還是要多留時間充實自己的內涵與能力。

不安全的戀情

網路戀情

不少同學在網路上找到很有默契的另一半，見面後卻有奇特的陌生感，不知如何進展下去（快些或慢些）？網路上的甜蜜感，在真實的眼神接觸與聲音交談後多半會幻滅。這才發現，其實我們並不熟！

更糟的是，有人遭到網友約會強暴或性侵。例如報載，東華大學一位女生，疑似會網友而遇害，陳屍在花蓮壽豐鄉海邊。她生前在個人臉書(Facebook)上透露，將和交談兩年的男網友見面。

根據內政部家庭暴力及性侵害防治委員會統計，性侵被害人分類中，被網友性侵的數據，二〇〇八年為六百九十四件，約占總數的8%；二〇〇九年為七百三十五件，約占總數的8%；二〇一〇年為六百三十二件，約占總數的6%。為數並不少，表示網路戀情確有潛在危機。

班對或辦公室戀情

求學期間同班或同社團的戀情，剛開始會令人非常羨慕，但容易「來得快，去得快」，還有不少後遺症，多少會影響課業及友情，分手後有人甚至因此休學或轉學，實在得不償失。

至於辦公室戀情(包括打工)，多半不被鼓勵；因為不論感情如何發展，常會影響工作士氣與成效。若是主管與下屬發生戀情，更會影響領導的威信及公平性，容易造成下屬間的猜疑與不合。

最後，不得不談一談「師生戀」，媒體所報導多半是成功、甜蜜的師生戀，如已逝的知名學者、作家趙寧，在50歲時娶了小他25歲的學生劉茵茵，婚後生了三個孩子（遺憾的是，二○○八年九月66歲的趙寧因病往生）。二○○七年，中央健保局副總經理、55歲的陳孝平，與小他28歲的學生李佳綺結婚。陳孝平與李佳綺的師生戀，歷經九年才修成正果。師生相戀不僅要考慮外界異樣的眼光，還涉及教師的專業倫理，需要闖過的關卡很多，彼此能否一起度過難關，必須深思與抉擇。

真實案例停看聽

李佳綺在中正大學大一時修過陳孝平的課，因上課人數較多，陳孝平對李佳綺的印象並不深。到她升大三、大四時，由於國科會設立大專學生研究獎，陳孝平鼓勵學生參加，她覺得陳老師很有學問，所以跟他一起做研究。

後來，李佳綺讀臺大醫療機構管理研究所碩士班，仍經常南下找老師談研究內容、聊人生規劃。讓兩人進一步產生感情，是李佳綺前往澳洲攻讀博士時。初次留學的不安及困惑，使她更常向陳老師求救；而陳孝平不管工作如何繁忙，都會儘快回電子郵件。透過電子郵件與MSN的互動，陳孝平喜歡上李佳綺的開朗，覺得她是宜室宜家的終身伴侶。不過，兩人的師生關係及年齡差距，讓他猶豫不決。

另一方面，李佳綺要接納老師的感情，面對外界異樣的眼光，對她也是一大考驗。九年來，縱使承受不少外界的壓力，最後還是決定相守一生。最初李佳綺的父母也很訝異，經過一段時間後，才漸漸能夠接受與祝福。

幸福一點靈

1. 網路戀情的甜蜜感，在真實的眼神接觸與聲音交談後多半幻滅。因為，透過網路並不能「真正地」認識對方。

2. 班對或社團戀情，多少會影響課業及友情。萬一分手，有人甚至因此休學或轉學，浪費許多的時間及金錢。

3. 師生相戀，不僅要考慮別人異樣的眼光，還涉及教師的專業倫理，需要闖過的關卡很多，師生雙方都要慎重跨出「下一步」。

愛的練習曲

1. 觀察自己或他人的戀情，有多少「有形的阻礙」？
2. 觀察自己或他人的戀情，有多少「無形的阻礙」？
3. 以「不安全的戀情」來說，失敗的原因為何？

甜蜜後的「驚聲尖叫」

殉情
妳不是愛我嗎？
愛我就跟我一起走吧！到另一個世界繼續在一起……
緊握
完美主義情人
甜心！這件比較適合妳，妳只能穿我選的衣服，沒有我的允許，不可以脫下來喔！
恐怖情人
妳現在在哪裡呢？應該不是跟別的男人在一起吧！
我嗎？我在保養刀具，但妳應該不會讓我用到它吧？
男
為什麼要把我關在門外？
情人果然還是內涵比外表重要……
門

愛情悲歌何其多？如恐怖情人、野蠻情人、掌控慾超強的情人。濃情蜜意之際，誰會想到有一天「情人變身」？

恐怖情人

我常拿報紙的社會新聞當教材，因為這些案例「絕對寫實」。如下面這則新聞（簡榮輝等，2011）：

真實案例停看聽

30歲的黃姓婦人與19歲、尚在服役的黃姓男子「姊弟戀」。彼此的問題不僅是相差11歲，而且黃女已婚、還有個5歲的兒子。黃女為了儘快與丈夫「分手」，竟教唆黃男殺死丈夫，表示願意與他平分丈夫的保險金及家產。黃男糊塗地答應，找來18歲的國中同學一起行兇，隨即被警方逮捕。

服役中的黃男，會被判更重的刑吧！錯誤的愛讓人「昏了頭」，做出無法挽回的傻事。黃女為何心狠至此，非要殺死丈夫不可？而今兩頭落空，還犯了法。5歲的稚兒頓失所依，黃女將來又該如何面對孩子，向他解釋一切？黃女的丈夫怎麼也算不到，結婚時即已鑄下殺身之禍！

除了「不愛」而恨不得對方消失在這個世上，也有「愛不到」而想毀掉對方。另一則社會新聞，某男子不滿女友執意分手，抓住女友的頭猛撞車子。女友驚惶地騎機車逃命，不小心撞到電線桿受傷送醫。男子竟追到醫院急診室，連砍女友十二刀。若非在場醫護人員合力制伏，女友早被砍死。男子落網後毫無悔意，忿忿地說：「我就是要讓她死！」目擊的護士說：「這男人真兇殘，愛不到她，就要殺她，簡直就是禽獸。」

類似這種禽獸不如的恐怖情人並不少，如下面這則新聞（何祥裕，2009）：

真實案例停看聽

富家子宋男以毒品控制黃女，用電擊、香菸燒燙、拳打腳踢等手法凌虐黃女致死，還將過程拍成虐殺錄影帶保存；板橋地檢署依殺人罪嫌起訴，具體求處死刑。

宋男沾上毒品後，喜歡玩多P及性虐待……以電擊黃女的腳底、乳房取樂；拿水管毆打、瓦斯罐噴臉、香菸燙手掌、鐵筷戳嘴，把黃女一頭長髮理成平頭等。在旁目睹的陳女形容，黃女被電擊後慘叫、全身顫抖，她嚇到連看都不敢看。

看到上述「不可思議」的案例，不要以為只是某些人比較糊塗或倒楣，才會遇到恐怖情人；其實每個人都可能「當局者迷」或「五十步笑百步」。我當然希望大家都很好運，永遠碰不到這類兇神惡煞；但更有責任教導如何辨識「危險情人」？如何有技巧地避開？若已經在一起了，如何「及時回頭」，設法「全身而退」？

高雄市立凱旋醫院心靈診所網站的「心理評量DIY」，設計了「他是個危險人物嗎？」評量表（共廿五題），符合項目愈多，危險性愈高。測驗的結果除了評估危險指數（最高為五顆星）外，還建議如何改變彼此相處的方式。例如：

危險指數：★★★

小心囉！這個人原本的性格可能有較多的部分並不符合一般社會規範的期待，而目前也正處在非常不穩定的狀態。他可能已經出現許多的情緒與行為問題，他的生活態度可能是相當的消極或是非常的極端，且很容易與身旁的人（也可能包含您）發生不愉快的互動經驗，因此，較為容易出現自傷及傷人的行為。記得請與他保持一定的安全距離，並試著請他信任的人幫助他，當然，不只是他，包含他身邊被波及的人都很需要被幫助!!

測驗的題目如下（鍾素英、湯淑慧編製）：

✪他最近在學校或工作場所有犯規的紀錄（例如被懲戒、留級、休學、扣薪或開除等）。

- 他容易出現週期性、短暫且強烈的心情惡劣、易怒或焦慮的情緒。
- 他最近跟父母、家人或朋友有過激烈的爭吵。
- 他不太信任身邊的人（包括家人與親近的朋友）。
- 他最近有做出傷害自己的行為（指非自殺性的行為，例如：自我殘害、撞頭、酗酒、使用禁藥……）。
- 他開車或騎車時，出現一再超速、危險駕駛、時常車禍等情形。
- 他的言行舉動，常常是不經理性判斷，也不在乎後果。
- 他最近有企圖以武器（包括毒物、槍或利器）傷害別人。
- 他很難允許伴侶有自己的意見與自由度。

當然，危險情人不只是「他」，也包括「她」；不僅是對方，也可能是自己。預防勝於治療，還是快快上網做個測驗吧！

幸福一點靈

1. 錯誤的愛讓人「昏了頭」，做出無法挽回的傻事。所以，要小心不要踏上

「錯誤的第一步」。

2. 不要以為只有某些人比較糊塗或倒楣，才會遇到恐怖情人。一發現對方有異常行為，就要提高警覺，畢竟「預防勝於治療」。

愛人勿近

除了報紙上的社會新聞，我的學生也常告訴我許多他們親身的經歷。不少學生樂意我「借用」他們的故事，希望能幫助別人「破繭而出」。例如下面這齣愛情悲劇：

真實案例停看聽

高三剛開學，我認識一個在我家樓下咖啡廳打工的男生。他大我5、6歲，工作認真，加上幽默感和親切，很得客人緣。

他非常高、瘦，長得雖不是特別帥，卻挺順眼的。

我常在上學前到他那兒買杯咖啡提神，漸漸地我們熱絡了，他會約我出去玩，有時只在附近公園坐著聊天。僅僅半年，我們就決定交往了。

他的父親是知名的黑道大哥，從小他就不喜歡讀書，16歲搬出來和女友一起住。分手後，父母因「跑路」而無法顧及他，他搬到姑姑家，就在我家附近。

在一起愈久，我就愈發現，我不知道的事情還很多……。

他常因為晚歸，而被姑姑關在門外。我會半夜偷跑出來陪他，幫他向姑姑求情，叮嚀他聽姑姑的話。幾次以後，他因為受不了而搬出去租房子住。

他上班漸漸從遲到變成曠職，老闆打電話給我，要我去叫他起床（我有他租屋處鑰匙）。但，我是高三生，還要上課。中午接到老闆電話，只好放學後去租屋處叫他起床。

他怎麼也叫不起來，硬把他叫起來，就會被他的起床氣掃到而被痛打一頓。就像電視劇一樣，他抓住我的脖子，把我摔到床上，或抓我的頭去撞牆，一次又一次……。

我每天依舊五點多起床，去早餐店買早餐送到他的租屋處（當然他還在睡覺），再默默去上學。他不去上班就沒錢吃飯，我不給他送早餐，他就一整天沒吃東西，我捨不得！

最後我才發現，原來是安非他命做怪，他屋內到處瀰漫類似燒塑膠的臭味。我勸他改，他屢勸不聽。我想分手，他求我不要走，但發現我心意已決，就轉身把房門鎖起來，又是一陣毒打。從放學到晚上十一點多，我被關在黑暗的小套房中，臉上又是傷痕又是淚水。母親來電問我在哪裡，他舉起拳頭不讓我說。

他清醒後會哭著跪在我面前，求我原諒。我說我會原諒他，但他必須讓我回家；他聽了，又變回那個揮舞拳頭的野獸。終於我逮到機會衝出門口，他眼看追不上我，拿起剪刀大聲叫我，準備刺向自己的胸口。我衝回去抱住他，希望他不要傷害自己，然後我又被關起來。我裝睡，等他疲憊得睡著了，才偷溜回家。

從那天開始，我就變了一個人。對於人不再信任，整天躲在房裡哭，覺得頭痛欲裂，後來沒考到心目中的大學，頓時像是失去了全世界。現在的我已經好多了，雖然有時還會想拿東西傷害自己，因為摔東西和割壞東西已不足以讓我清醒，只有在疼痛的刺激下，才能讓自己冷靜，但我並不想尋短。

我準備重考，「我如果對自己妥協，如果對自己說謊，即使別人原諒，我也不能原諒。」這段五月天的〈倔強〉的歌詞，貼在我的書桌前，時時激勵我。

看到上述悲劇，雖為女主角「逃出魔掌」而高興，但也擔心她心中的傷痕能否痊癒？何時能痊癒？這歷程遠比想像中困難許多，除了轉移目標、珍愛自己之外，重要的是不要壓抑與逞強；覺得撐不下去時，就要懂得抒發與求助，包括親友、師長或身心科醫師等，以免因拖延與累積，使自己身心崩潰，喪失了再次追求幸福的勇氣。

另一個當事人——她的男友，是否因為是「加害人」就萬惡不赦？其實，他一樣需要關懷與協助，一樣擁有追求幸福的權利。設想若你正是這齣悲劇的「他」，想必也會因自己染上毒癮，以致身不由己地自傷傷人而痛苦萬分吧？對女友也滿心愧疚吧？所以，要避免悲劇，就需要懂得情緒抒發與求助，以免因「遷怒」而傷害了所愛的人。

幸福一點靈

1. 將自己「不欲人知」的故事公開，不僅是為了自己，也希望能幫助別人「破繭而出」。
2. 要避免悲劇，就要懂得情緒抒發與求助，以免因「遷怒」而傷害了所愛的人。所以戀愛中的「情緒管理」，非常重要。

愛的練習曲

1. 上網填答「他是個危險人物嗎？」評量表（包括自我評估及評估對方）。
2. 分享自己或他人「成功離開危險情人」的故事。
3. 分享在戀愛中的情緒抒發與求助經驗（包括自己或協助對方）。

戀愛教室Q&A

Q：在一門選修課上，偶然的機緣，我坐在一位學長旁邊。剛好沒有帶上課講義，他立刻熱心地與我一起看。我對他很有好感，想和他繼續交往。但，女生主動追男生，會讓男生覺得「花痴」嗎？該怎麼做，才可以拉近距離呢？他已經大四了，這門課還有三週就要結束，我該如何把握時間？

A：幸福靠自己爭取，在這個男女平等的時代，女生一樣有表達自我、追求幸福的權利。

想要拉近與他的距離，妳可以：

上課時，主動坐在他旁邊，「故意」（或用善意的謊言）「又」沒帶課本或講義，而要求與他一起看。

下課後趕快向他請教一些課堂上的問題，或妳聽不明白的地方。若時間不夠，就約個時間「討論課業」，再「順便」邀他一起吃個飯。

總之，把一週當三週使用囉！先建立起關係，即使課程結束，還可以繼續互動啊！不交往，怎會真正了解對方？不夠了解，怎能放心地繼續交往呢？

至於他會不會認為妳是「花痴」？如果妳很有自信，就會覺得「認識妳，是他的福氣！」

第二篇

請你「好好愛我」

親愛的，那並不是愛情

你只不過是她的朋友而已，她愛的是我！
笑話，我跟她認識那麼久了，友情早就提昇為愛情了！
火花四濺？
妳一定會選我吧！
我認為你們都是很棒的好人唷！
殘酷
但我已經有男朋友了，所以你們可以繼續當我的好朋友嗎？
為什麼
好人
好人
可惡……
淚

什麼是愛情？是愛人還是朋友？真愛還是錯愛？要怎麼分辨？此時耳畔傳來一首歌，雖有絕佳的詞曲與演唱組合，聽了還是不免讓人疑惑。

親愛的，那不是愛情

演唱：張韶涵
作詞：方文山

你說過牽了手就算約定，但親愛的那並不是愛情。
就像來不及許願的流星，再怎麼美麗也只能是曾經。

好美的歌詞！但怎麼可能這麼理性、冷靜，即使有了親密的動作或承諾，仍能判斷出這不是愛情、只是不成熟的行為。斷然地拒絕對方，不怕顯得太無情？其實，這種「友達以上，戀人未滿」的關係，的確令人尷尬及忐忑。然而，若不及早釐清，最終還是會以悲劇收場吧！

占有不是愛情

愛情常從單戀或暗戀開始，為了多看心儀的人一眼，不惜錯過公車以致上學遲到；不惜多走路，只想默默追隨其後。然而過猶不及，愛情必須兩情相悅，「一廂情願」只會造成別人的困擾。曾有一則社會新聞，一個20多歲的男子，單戀一個高中女生兩年，每天一大清早守在女生家門前，一路跟她到學校。後來家長親自接送，他仍緊迫盯人，致使女方被迫搬家。不料，他還能找到她而繼續尾隨，女生家裡因為受不了而告他恐嚇。

男女雙方對愛情的認知差異過大，也會釀成無可挽回的悲劇。二〇一一年九月，臺中市清水區，清晨發生一起駭人的情殺案（苗君平，2011）：

真實案例停看聽

17歲的高二女生，上學途中遭25歲男子猛刺十一刀，其中九刀刺向胸膛。男子行兇後自刺心臟六刀，送醫後雙雙不治。

女生三天前接到簡訊：「如果妳跟我分手，我就要妳好看！」兩人在網路認識，曾出遊數次，雙方家長對兩人的交友狀況都不清楚。

從兩人的臉書可看出曾關係匪淺，男方在感情狀態上，由「交往中」改為「一言難盡」，在塗鴉牆也寫下「心好痛」，似乎透露感情生變，最後留言更寫著「死一點都不可怕」。

女方在回答臉書民調「有一個人對你很好、很體貼，為你默默付出很多，……可是你怎麼也喜歡不上他……」提到「對不起，我們只能是朋友」，似乎有意分手。

男方母親曾建議兒子不要再來往，除了因他與女孩年齡差距較大之外，兩家的家庭背景也相差太多。女方的父母都高學歷，擔任公職及銀行專員，男方的父親則是水電工，母親是葬儀社樂手。

由此例可見，網路戀情的危險。因為網友有距離上的美感，實際見面或交往後才發現不如想像。若一方是成年人，另一方未成年，雙方對感情的認知和價值觀極可能不同。若一方投入了太多情感，另一方則因為還年輕，只想交個朋友。如此一來，不僅很難繼續下去，如何結束也十分棘手。所以網路交友應「保持距離，以策安全」，戀愛還是透過「真實溝通」——察言觀色得到的訊息會較可靠。

因為「錯愛」，可能賠上性命，還會殃及無辜（蘋果日報突發中心，2004）：

真實案例停看聽

儘管23歲的洪姓男友脾氣暴躁，情竇初開的19歲姚女仍不顧父母反對，相信愛情可以改變男友。與姊姊搬出家裡，和男友在某大樓的九樓租屋居住。但二人個性不合，經常爭吵。

後來，姚女想分手，男友竟恐嚇「敢分手殺妳全家」。女方已無法忍受男方的暴躁個性（家人也表示兒子的脾氣很壞），仍再提分手。洪男盛怒之下，用武士刀及番刀，將女友砍至重傷；還將女友的21歲姊姊割喉殺害，甚至殺死另兩名熟睡的情侶室友（分別為22、25歲）。

最後洪男留下遺書跳樓身亡，遺書寫著：「對不起爸爸媽媽，你們沒有教我處理感情問題……，我過不了情關，希望爸媽過得好……」

幸福一點靈

1. 即使有了較親密的動作或承諾，仍要判斷這是不是愛情或只是不成熟的行為，再抉擇是否要繼續下去。
2. 過猶不及，愛情必須兩情相悅，「一廂情願」只會造成別人的困擾。

愛情密碼的破解

從上述洪男的例子，還可看出一個必須正視的事實：遺書中他「埋怨」父母沒有教他如何處理感情問題。洪男殺人固然可惡，但都因為「不善於處理感情問題，過不了情關」，才想一死百了、同歸於盡。最初，他何嘗不想與所愛的人好言相向、好好相處？無奈，陷入情緒失控及不斷爭吵的惡性循環之後，自然走進了「死胡同」。

「愛情密碼」比「達文西密碼」還難解嗎？談戀愛需要教導嗎？由教育部九年一貫課綱「性別議題融入各科教學」的能力指標可見，「戀愛學分」是必修課，要學習些什麼呢？在國小一至二年級：

- 認識不同性別者身心的異同。
- 尊重不同性別者的特質。
- 辨識性別角色的刻板化印象。
- 學習與不同性別者平等互動。
- 表達自己的意見和感受，不受性別的限制。
- 認識自己的身體隱私權。

在國小三至四年級：

- 尊重不同性別者做決定的自主權。
- 尊重自己與他人的身體自主權。
- 認識性騷擾與性侵害的類型。

在國小五至六年級：

✪認知青春期不同性別者身體的發展與保健。
✪認識不同性別者處理情緒的方法，採取合宜的表達方式。
✪尊重不同性別者在溝通過程中有平等表達的權利。
✪辨別不同類型的情感關係。
✪釐清性與愛的迷思。

在國中一至三年級：

✪尊重青春期不同性別者的身心發展與差異。
✪習得性別間合宜的情感表達方式。
✪釐清情感關係中的性別刻板模式。
✪學習處理與不同性別者的情感關係。
✪善用各種資源與方法，維護自己的身體自主權。
✪認識安全性行為並保護自己。

看到上述的能力指標，我們大概難以責怪教育部沒有教導學生如何處理感情問題吧！但，教育部的指標落實了嗎？學校的教導成功嗎？

尤其在青春期之後（小學高年級至國中三年級），如果學校教育在這方面是成功的，為何還有那麼多年輕男女在愛情中，因為不善於表達情緒、不善於人際溝通，以致採取最不合宜的情緒爆發方式？性與愛混淆不清之外，還限制情人的行動自由，甚至剝奪對方生存的權利？這些都是學校教育不能再「視而不見」、繼續「鴕鳥」的重要課題。

幸福一點靈

1. 愛情如果陷入情緒失控及不斷爭吵的惡性循環，自然就走進了「死胡同」。
2. 戀愛學分是必修課，學校教育不應漠視。

愛的練習曲

1. 觀察自己或他人的愛情，到底是不是愛情？
2. 你的父母或師長如何教導你處理感情問題？足不足夠？如果不足又該如何補救？

維繫感情、保持「暖心」這樣做

門口
最近都在加班，好久沒來找她了……
不知道她過得好不好？
哇！殺人啦！
滿地血
起身
假刀
蕃茄醬
我以為我們進入倦怠期了……所以想說要做點特別的吸引你的注意……
那為什麼要裝死？
不能理解……
蹲下
代表人家寂寞地快要死掉了啊……
……
男

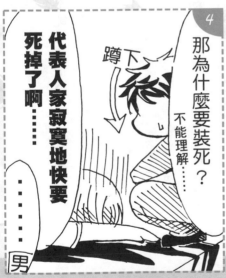

兩人確定相愛後，為何不能維繫情感，以致漸漸失去當初的感覺？如下面這首歌：

猜不透

演唱：丁噹
作詞：黃婷

猜不透，相處會比分開還寂寞，兩個人都只是得過且過。無法感受每次觸摸，是真的、是熱的。

維持愛情的溫度，真有那麼難嗎？愛情中如何可以持續「暖心」？

暖心

演唱：郁可唯
作詞：劉子樂、厲曼婷

你的體貼溫暖了我的心，

就像夏天的風，
吹過那麼涼爽安靜。

性別與溝通

有些溝通問題是「性別刻板印象」，或因不了解「性別差異」所致。若能做到教育部「性別議題融入各科教學」所列的能力指標，就不會造成溝通不良，甚至使關係破裂、兩敗俱傷。如：

- 尊重不同性別者的特質。
- 尊重不同性別者溝通（表達意見與感受）的權利與方式。
- 認識不同性別者處理情緒的方法，自己也能採取合宜的情緒表達方式。

「性別刻板印象」對溝通造成的負面影響，最明顯的是：傳統上女性被期待輕聲細語、個性柔順，久之就變得唯唯諾諾，不懂如何表達自己的委屈及需求，害怕衝突場面（不會吵架）。男性則自小與競爭意識同在，即使一知半解也要做出決定。久之，女性很少真正表現個性，很少真正持有立場，自尊逐漸流失；男性則恰好相反。

然而，物極必反，女性為了爭取公平的發言權，變成一見面就吵架，對男性的不了解及不體諒感到不悅，最後淪為相互責怪、批評，再也無法心平氣和地溝通。所以，男女雙方都要突破性別刻板印象，才能平等地「對話」。

「性別差異」影響溝通的部分，因為女性的感官、同理心、直覺較強，較能體察別人的心境與情緒；社交能力及語言表達能力較強，面臨困難時較常尋求他人的支援，較懂得表露自己的感情。但，男性則較不輕易說出心事。

男性較看重社會階層，如車子的廠牌、辦公室的大小、職位及頭銜；喜歡主宰一切，炫耀領導地位。男性亦較容易憤怒，如夫妻吵架時，丈夫外表上冷靜，內心卻波濤洶湧。

若能了解這些「性別差異」，就能見怪不怪，讓對方有若干揮灑的空間；例如，讓男性好好地談談他的車子及社會貢獻，讓女性暢快地訴說心情。

因應不同的「性別特質」進行溝通，就不會錯怪或苛責對方，且能協助對方完整表達。例如，引導男性說出真心話或宣洩怒氣，鼓勵女性肯定自己的貢獻與成就。

幸福一點靈

1. 男女雙方都要突破「性別刻板印象」，才能平等地「對話」。
2. 因應不同的「性別特質」進行溝通，就比較不會錯怪或苛責對方，且男女雙方都較能表達真正的意見。

知難行易的「情愛溝通」

要使彼此真正親密，須靠溝通的技巧，才能使感情增溫。情愛溝通的技巧，其實「知難行易」。要從「尊重」開始，也以「尊重」為核心，其他的溝通技巧就會水到渠成。

輕聲細語，注意禮貌

因為尊重，所以會輕聲細語、注意說話禮貌。若大吼大叫，企圖以音量壓制對方，或者態度粗魯、措詞隨便，就是不尊重的表徵。

專心聆聽，將心比心

因為尊重，所以能專心聆聽、將心比心，關注對方的感受與意見。若不能放下手中的事情、眼神專注地聆聽，或隨意打斷對方說話，就是不尊重的表徵。

完全的自主權

因為尊重，所以能將對方視為獨立自主的個體，有完全的自主權，可自由決定自己的行動。若任意否決對方的決定（或代為做決定），限制對方行動與思考的自由，就是不尊重的表徵。

先行商議，理性討論

因為尊重，所以對方的意見與我一樣重要；共同或重大的事情，要先行商議、理性討論（甚至辯論），並一起做決定。若與對方有關的事，不商量而自作主張，就是不尊重的表徵。

支持對方，幫他圓夢

因為尊重，所以會支持對方的決定與行動，包括幫助他達成夢想。若因個人主觀意見而反對，否定對方的夢想與能力，就是不尊重的表徵。

欣賞及讚美

因為尊重，所以能真心欣賞及讚美對方的成就，分享對方的內心世界。若嫉妒對方的成就，故意貶低對方，就是不尊重的表徵。

經常交談與分享

因為尊重，所以會經常交談，聆聽對方的想法、接受對方的建議。若單向式溝通（命令、不回應），甚至覺得沒時間與對方談話（還有其他更重要的事），就是不尊重的表徵。

幸福一點靈

1. 愛情中要學習尊重彼此的溝通（表達意見與感受）權利與方式。
2. 情愛溝通要從「尊重」開始，也以「尊重」為核心，其他的溝通技巧就都會水到渠成。

情愛溝通從「告白」學起

要有一些把握（確定對方也對自己有好感），才能「告白」。不能一廂情願地一往直前，結果造成日後的尷尬。萬一被拒絕了，也不能惱羞成怒，一味想討回自己受損的尊嚴，以致損人不利己。例如，有個國立科大的碩士生，寫情書表達愛慕，追求大他11歲的女博士生。遭拒絕後由愛生恨，涉嫌傳恐嚇的簡訊，並嗆聲「我恨死妳了，今天這筆帳我一定會討回來」、「殺光妳全家人」。還闖入她的工作地點暴力相向，並拿榔頭敲擊阻止他施暴的女方同事。女方提出控告，地檢署依恐嚇及傷害罪嫌起訴這名碩士生。

其實，告白並非想像中那麼正式，一定要送對方一大束玫瑰花，或慎重地問「當我的男（女）朋友好嗎？」就像所有人際關係一樣，告白是逐漸形成的，從相識、相知開始，待關係鞏固及增進後，自然邁入相惜、相守的階段。一般人際關係若無相當的付出(時間及心力)，也無法感動對方、增加好感；愛情也是如此。若無甜蜜的約會，就不會有戀愛的感覺。愛情的甜蜜，一如蜜蜂採蜜回蜂巢，是日積月累、來回奔波而成。若沒有蜜蜂的精神，卻奢望蜂蜜自然湧進，豈不被蜜蜂笑我們懶？

也有人秉持：情願告白後失敗，也不要因不敢告白而錯過機會、日後懊悔。改編自九把刀小說的《那些年，我們一起追的女孩》這部電影，就在表達這份深深的遺憾。當然，告白還是要有技巧，不必與對方「談條件」，又不是談生意。放輕鬆！告白只是表達自己對他的欣賞，希望能個別約會、繼續交往。如果不知道該怎麼說，可以擬個講稿，我幫你修改囉！

幸福一點靈

1. 告白是逐漸形成的事情，從相識、相知開始，自然地邁入相惜、相守的階段。
2. 放輕鬆！告白只是表達自己對他的欣賞，希望能個別約會、繼續交往。

愛的練習曲

1. 觀察自己或他人的愛情，如何受到「性別刻板印象」的影響？
2. 觀察自己或他人的情愛溝通，對於「尊重」做到了多少？
3. 問問別人「告白」的成敗經驗，給你什麼啟發？

別「指望」我諒解你的「背叛」

還是跟你約會最開心！
妳不是已經有男友了，這樣好嗎？
反正他是個好人，不會介意的啦！
男朋友
轟隆
剛好路過的男友
她太過分了啦！
友人
乖乖……你現在有三個選擇：
1. 裝沒看到
2. 找她攤牌
3. ……
在被甩之前，當一次壞人先甩掉她吧！
不要小看我們好人！

如何面對愛情的「背叛」？愛人劈腿時要怪「小三」嗎？要分手或努力挽回？

背叛讓人快得憂鬱症

二〇一一年爆紅的電視劇《犀利人妻》，挾帶著超高人氣，榮獲第四十六屆電視金鐘獎七項提名。在欣賞這部戲之餘，它的故事其實也頗值得我們進一步思考。

故事是說，溫瑞凡與謝安真原本是對幸福的夫妻。安真一心一意做個完美妻子，不料因為遠房表妹黎薇恩到家中借住，瑞凡又介紹她到自己工作的公司上班，兩人逐漸發展戀情，破壞了原本和諧的家庭。瑞凡最終選擇離婚，照顧小他10幾歲的薇恩。劇中插曲〈指望〉（郁可唯演唱，潘協慶作詞）這首歌裡，有幾句歌詞非常能夠形容一個妻子面臨丈夫背叛的痛苦：「怕不怕被拒絕，怕不怕被省略……當真愛宣告從缺，驕傲的玫瑰正一片一片枯萎。」

幸好安真身邊還有朋友不斷支持與協助她，使她終能破繭而出、脫胎換骨。後來瑞凡後悔了，希望能與安真復合，安真的回應是：「我已經回不去了。」走出失婚的憂鬱危機，安真才有機會找回自己，不再將幸福與否，寄託在丈夫身上。

如果傳統上的好妻子，就該包容丈夫全部的錯；那麼，這齣戲要傳達的就是：即使被丈夫背叛，女性仍應自尊自愛，不必委曲求全；不要因為失去丈夫，而認為自己一無是處。男性也該學習負責及承擔後果，不要以為女性理所當然會忍受及諒解。如〈指望〉這首歌所唱的：

> 別指望我諒解，別指望我體會，愛不是點頭就能挽回。
> 快樂或傷悲沒什麼分別，心碎到終點會迎刃而解。

幸福一點靈

1. 走出失婚的憂鬱危機，安真才有機會找回自己，不再將幸福與否，寄託在丈夫身上。

2. 即使被丈夫拋棄，女性仍應自尊自愛、活出自我；男性則該學習負責及承擔後果，包括失去一切原本以為「理所當然」的幸福。

要分手或挽回？

有則社會新聞說，一名男大學生因為經常劈腿，女友要他簽下切結書：「五年不得交其他女友、不得分手」。但男友依然故我，女友氣得告他性侵。檢察官查出兩人是情侶關係，而且「限制交女友」不具法律效力，所以不起訴男友。依「婚姻自由原則」，單身男女想和誰交往或和誰結婚，擁有自主權，不能憑一張切結書而限制、剝奪；雙方在一起，若是合意的性行為，則沒有「妨害性自主」的問題。男大生說，因女友「管太多」，讓他覺得不自由、受不了，是個性不合而想分手。

雖然對簿公堂、互揭瘡疤十分不堪，但與下面的例子比較起來，還算

「和平分手」。有人因不滿女友劈腿，竟以硫酸潑向女友及新男友，造成兩人嚴重灼傷。目擊者說，新男友「全臉竟在冒著白煙，好像被煮熟的肉」。還有比毀容更嚴重的報復，如下面這則社會新聞（黃煌權，2010）：

真實案例停看聽

朴子市52歲的黃姓魚販，懷疑51歲的杜姓妻子和74歲的蔡姓舞蹈教練交往；先勒死妻子棄屍工寮，再將蔡姓教練打昏後塞入轎車，沉入水底淹死。逃亡一個月後，黃男被發現燒炭自殺，死於出租的民宿中。

遺書中表示，原想與蔡同歸於盡，但後來自行游泳上岸。遺書中除向蔡的家屬致歉，也交代兒女：「遇到難以解決的事，千萬不要意氣用事。」

魚販的遺言：「千萬不要意氣用事。」那麼，知識分子、社會知名人士等，是否會「理性處理」外遇事件？曾任臺北縣副縣長、行政院政務委員的臺大教授林萬億，疑似與小他30歲的沈姓女助理發生婚外情。沈女在臺大社會工作學系念碩士班時，林萬億擔任她的指導教授；取得碩士學位後，她成為林萬億的研究助理。林妻曾發覺兩人不對勁，請人轉告沈女別在研究室待太久。二〇一一年七夕情人節當天，林萬億與助理一起投宿商務旅館，被林妻報警查獲，對兩人提出妨害家庭告訴。最後，林妻願意原諒丈夫，接受和解。

另一位高中老師，曾在體育場向女友公開求婚，而成為新聞人物。但婚後兩個月，就使一名女大生墮胎，學校決議不予續聘。他的妻子認為，丈夫是一夜情，不算外遇，所以選擇原諒。

神通集團小開苗華斌與名模孫正華於二〇〇八年七月結婚，婚前一個月，苗認識按摩店櫃臺小姐劉女，婚後兩人仍繼續來往，劉女後來還為苗產下一女。孫正華知道後，控告劉女妨害家庭。孫正華要她寫道歉函才撤銷告訴，至於女兒的扶養費，雙方也有討論，希望達成協議。

由前述幾個原諒及挽回的個案可見，大老婆們似乎覺得，只要趕走外遇，從此天下太平，卻不正視老公出軌的原因。難道外遇都是受到壞女人引誘？趕走這一個，不會再有下一個嗎？

當然，不是所有的大老婆都選擇原諒或挽回，也有人訴諸法律（兩人都告）、討回公道。如報載（饒磐安，2010）：

真實案例停看聽

新北市林姓婦人瀏覽丈夫的網路相簿，意外發現丈夫與情婦出遊的親密照片，照片上的日期就是女兒的生日，才知當時丈夫騙她「公司有事」，無法陪她到醫院生產，卻是和情婦出遊。離婚後，她向法院訴請丈夫和情婦賠償她八十萬元，法院判林婦丈夫須賠廿五萬元。

控告及要求賠償，是為了「長痛不如短痛」。真正要怪的還是自己識人不清，才會嫁給這麼沒良心的先生。不顧生產的妻子、新生的女兒，只沉溺在自己的慾望中。經濟及精神獨立的現代女性，對婚姻的想法與做法，已與過去委曲求全的傳統婦女大不相同。

幸福一點靈

1. 魚販的遺言：「千萬不要意氣用事。」但知識分子、社會知名人士就較能「理性處理」外遇事件嗎？恐怕也常「失去理智」吧！
2. 不敢正視另一半出軌的真正原因，就算趕走了這一個，難道不會有下一個出現嗎？

第三者的心聲

其實，知識分子及社會名流的處理方式也不甚高明，男人大都能獲得老婆原諒，第三者則罪不可赦。大老婆通常會責備第三者，「任性地」生下孩子，破壞別人原有的寧靜跟幸福。大老婆覺得自己難以承受的痛，都是第三者造成，一生難以彌補。所以極力唾棄她，想方設法報復她。但這樣想，公平嗎？這樣做，公道嗎？

二〇一〇年十月，瓊瑤戲劇《庭院深深》、《煙雨濛濛》的導演劉立立，因罹患小腦萎縮症而病危，在加護病房進行氣切手術。生命的尾聲，她與導演董今狐歷經四十五年的愛情終於有了結果。75歲的董今狐，帶著離婚證書向劉立立求婚，在病房內辦了簡單的婚禮。這三人行的故事，令多情的瓊瑤也不禁為文讚嘆。

真實案例停看聽

董今狐是劉立立就讀政戰學院戲劇系時的學長，兩人在畢業後發展戀情，即便男方已婚，兩人還是在外同居。後來，董今狐的元配王玫得知實情，非但沒有責備兩人，還與劉立立成為好友，甚至讓她住進家裡，一同生活。

劉立立也不求名分，不僅賺錢供養董家，更決定終身不育，將王玫的三個孩子視如己出，尤其最小的兒子董四海，幾乎是她抱大的。董四海曾說：「她跟我親生媽沒兩樣，我都叫她『好媽』。」

二〇〇七年，劉立立罹患「小腦萎縮症」，全身機能逐漸衰退、癱瘓在床。這段期間，王玫如同劉立立的貼身看護，每天抱她上下床與輪椅，照顧她的起居飲食。

後來，在小兒子董四海的提議下，王玫為了給劉立立一個名分，決定與董令狐離婚，她說：「劉姊為我們這個家付出很多，在她最後階段，希望能給她一個完整的家，讓她名正言順當董太太。萬一她走了，我兒子才能幫她當孝子，捧她的靈位呀！」

這樣的處理方式令人「震撼」，但別忘了，四十五年前的社會背景與傳統觀念，強調的是「賢妻良母」、「家和萬事興」，所以元配王玫的做法，算是「很識大體」。四十五年後的今天，大多數的妻子也許還是會原諒老公（只要能挽回老公），只是無法包容第三者而已。

而劉立立重視愛情，不計較是否吃虧，也不是今日的「小三」所願意做的。現代的愛情與婚姻，沒辦法包容三人行。另一方面，小三有時也是受害者，糊塗地相信了男人的甜言蜜語。結果，婚外情曝光後，男人也跟著翻臉無情，多半又回到元配身邊。小三只落得後悔、沮喪、憤怒、傷心，還要承擔法律責任，甚至是墮胎或獨自撫養非婚生子女，或是將孩子交出去「認祖歸宗」。

幸福一點靈

1. 大老婆覺得自己難以承受的痛，是第三者一生難以彌補的，所以極力地唾棄小三，想方設法地報復。這樣的做法，真能解決問題嗎？
2. 小三有時也是受害者，婚外情曝光後，通常損失最為慘痛。所以在踏上「勉強的」感情路時，要能及時回頭。

愛的練習曲

1. 觀察自己或他人處理「背叛事件」的方式，是否不會「意氣用事」？
2. 對於社會名流外遇時選擇和解的做法，你有什麼想法？
3. 劉立立「不計名分」的做法，在今天還行得通嗎？

分手後的「知足」與「温柔」

我知道妳背著我跟別人在一起了……
我們分手吧！
咦?!
對不起，我知道你是個很好的人……
但我對你的感覺似乎終究還是停留在「友情」……
那就代表我們不適合吧！沒關係，祝妳能找到幸福！
灑脫
女
謝謝。那我們分手後還是朋友囉！
當晚…
哇！我還是好難過喔！
泣
別哭，你至少學會了放下。

如果對方敢提分手，就要殺光他全家或自殺嗎？分手後還能見面、做朋友嗎？分手的心痛，會持續多久呢？究竟該如何分手、分手後如何調適心情等，這些都是戀愛中非常重要（攸關生死）的課題。

給自己想通的機會

分手後千萬不可自殺，如果身亡，就沒有機會「重生」了！有則社會新聞提到，一名21歲的女子因父親罹癌病逝，又發現男友劈腿，雙重打擊之下，選擇到男友租屋處的五樓頂樓自殺。她先以手機把男友叫到樓下，然後當著男友的面一躍而下。男友慌忙用手去接，導致自己的頭、胸被壓傷，當場吐血送醫，女子則傷重不治。女子的母親表示，女兒之前跟男友吵架時就曾自殺，正服用抗憂鬱的藥物。

二〇一〇年初，在十天內發生兩起年輕警察開槍自殺的案件。一位是臺北市大安分局的男性警員，凌晨在派出所飲彈自盡。他的女友懷孕四個月，再六天兩人就要訂婚了，因雙方發生嚴重爭執，懷雙胞胎的女友在氣頭上傳了一封簡訊「不然要死就一起死」，沒想到悲劇就此發生。另一位是新北市的女警，疑因工作和感情壓力，在警署宿舍內開槍自殺。

在搖滾樂團「五月天」〈我們〉這首歌裡，描述彷彿失去愛情就再也沒有快樂可言，以為對方的離開就等於置自己於死地：

> 我們（時時刻刻）
>
> 演唱：五月天
> 作詞：阿信
>
> 你話中的計算，準確的傷害，像精心打造的對白。
> 我劃開了動脈，也許不醒來，至少昨天無法毀壞。

如果撐著不死，就有想通的機會。某次下課，一個學生紅著眼睛說謝謝，是我救了她一命。因為失戀，她已經好多天沒出門了，今天勉強打起精神上「情愛溝通」第一堂課，我唱的一首歌，竟讓她「醒了過來」（原本她已打算休學）。現在，她不想再自欺欺人了，這段戀情的消逝，她早已感覺得到。

而我知道

而我知道那真愛不一定能白頭到老，
而我知道有一天你可能就這麼走掉。

演唱：五月天
作詞：阿信

哇！一首歌就能救一條命或挽回一個人的前途，「五月天」真偉大（唱歌的我，應該也有一點功勞）！然而「五月天」的偉大不僅於此，如果還能「溫柔」地面對與我們分手的人，放他自由，這份修養啊！更是難得。

溫柔

沒有關係，你的世界就讓你擁有。
不打擾，是我的溫柔！

演唱：五月天
作詞：阿信

在「情愛溝通」課程，要我不唱歌是不可能的，因為「五月天」還有〈知足〉這首分手療傷的經典歌曲。如果多唱幾遍而能學會放手，就太有「福智」（福氣與智慧）啦！

知足

演唱：五月天
作詞：阿信

如果你快樂不是為我，會不會放手其實才是擁有？
當一陣風吹來，風箏飛上天空，
為了你而祈禱而祝福而感動。

當別人想跟我們分手，最理想的態度就是「提得起，放得下」，能將傷害降到最低。與其追問對方：「為什麼要這麼對我？」不如告訴自己：「對方變心了，這段感情就無力轉變了。」如果一定要挽回，除非有相當的智慧，能處理之後的問題，例如狄鶯與孫鵬復合、孫翠鳳原諒丈夫與自己的姊姊外遇生子。否則分分合合、不乾不脆，日後仍會分手，何苦白白浪費時間與感情？

幸福一點靈

1. 分手後千萬不可自殺，如果身亡，就沒有機會「重生」了！
2. 不論男女，若能「提得起，放得下」，就能將分手的傷害降到最低。

如果分手後「放不下」

這部分，男生和女生的表現有些落差。女生通常在分手後最短的時間內，盡情地宣洩情緒，或找姊妹淘傾訴心事與感受。女生們也會集體聲討負心漢，所以悲傷的情緒「來得快，去得也快」。

男生則因「男兒有淚不輕彈」的社會壓力，不好意思將軟弱的一面告訴哥兒們，只好將情緒隱藏起來。但悲傷不會因此消失，拖延幾個月之後，實在忍不住、想不開時，還是得找「良師益友」談談。

不論是找好姊妹或良師益友，只要懂得求助，為自己的情緒找到出口，都可使狀況轉變（危機就是轉機）。也許剛分手時，會覺得萬分痛苦；但隨著時間過去，就看淡了，能坦然接受對方的離去。

若久久難以釋懷，甚至想要報復，就須求助身心科醫師。因為可能已經或快要罹患心理疾病（或復發），需要藥物或心理諮商的協助。尤其是本來就有心理疾病時，分手的刺激可能被「放大」，造成更嚴重的問題。

例如二〇〇八年十二月，臺南一位洪姓大學生，不滿女友移情別戀，竟開著自家轎車撞倒女友，還來回倒車兩次輾斃女友。原本女方家屬主張判處死刑，洪男在庭上也表示願意「以命償命」；但承審法官認為，他在愛情滋養中獲得重生，卻在愛情破滅後受苦，終至崩潰而鑄成大錯，值得憐憫，所以判無期徒刑定讞。雖然法官認為洪男值得憐憫，但更重要的是，如何讓這類在愛情中受苦而即將崩潰的人，得到心理輔導或精神科的協助，以免傷及自身與其他無辜的生命。

二〇〇九年，某安親班女老師也因與男友分手，在安親班門前的人行道上，遭到男友以左輪手槍近距離槍擊。十六年前該男子也曾殺害當時的女友，自首後服刑兩年。出獄之後，結識離婚的安親班老師，交往的兩年多幾乎都在爭吵。這種容易憤怒而採取極端行為的人，更需要心理治療。

覺得「放不下」，一定要接受及釋放真實的情緒，不要自我欺騙及壓抑。因為「恨」與「怨」，一如「愛」，都屬於自己的一部分，應該要誠實面對。若你沒有欺騙對方，就更要疼惜自己，不要讓恨淹沒了可貴的愛。至於對方不愛你了，這也是他真實的感受，難道你希望他繼續欺騙你、假裝仍愛著你嗎？

最痛苦的事莫如喪子、喪偶、重病、重傷（燒傷、截肢），心理療傷的過程至少需要一年。而你給自己失戀治療的時間是多久呢？失戀比喪子、喪偶……還嚴重嗎？

心痛時聽聽音樂、唱唱歌，或許能暫時抒發心情，我特別推薦下面這首蕭煌奇的歌：

只能勇敢（Brave Heart）

演唱：蕭煌奇
作詞：姚若龍

我只能勇敢學習釋然，把情人的淚還有責備全部承擔。
我只能勇敢順其自然，誰叫我對於真愛那麼期盼。

自殺不能解決問題，勇敢求救並非弱者，此時可以撥打安心專線：0800-788-995（0800─請幫幫─救救我）、張老師專線：1980，或尋找良師益友，聆聽他們的人生智慧。

幸福一點靈

1. 失戀後，若久久難以釋懷，甚至想要報復，就必須求助身心科醫師了。
2. 覺得「放不下」，一定要接受及釋放真實的情緒，不要繼續自我欺騙及壓抑。

如何和平分手？

若有一方較不理性時，如何避免因分手而受到對方傷害？如下面這則新聞（呂開瑞，2010）：

真實案例停看聽

20歲的女大生和23歲的黃男認識不到半年，懷孕後，希望黃男帶她墮胎且從此分手。黃男不讓她墮胎，又把女生載回家要求親熱，女生因為懷孕且有了新男友而拒絕，遭黃男性侵。當天深夜，黃男假裝送女生回家，騎機車行經一處墓區，把女生拖進草叢，先拿鐵棍毆打，逼她不得和新男友來往。她表示已約新男友隔天見面，黃男面露狠色地說：「妳要不聽話，就殺死妳」。

黃男性侵後，再把女生載回家軟禁，把她手機藏起來，恐嚇「如果逃走妳就沒命」。關了五天，並多次玷辱女生，把她當性奴隸，後來女生趁他外出買食物時逃走報警。檢方認為黃男行徑惡劣，聲押獲准。

由上述案例可見，此女大生的應對方式不夠技巧，過於直接了當，等於把自己推入險境。如：單獨一人找男友談判、希望墮胎後立即分手、表明已有新男友且常見面等。這個案例要和平分手，本有相當的難度，而女大生又掉以輕心，才會遭致差點難以挽救的結果。事後施暴的一方即使被判刑，女方嚴重的心理創傷仍可能跟隨自己一輩子（如罹患慢性心理疾病等）。

不能和平分手的悲劇，除了身心受創之外，還可能名譽受損，如報載（饒磐安，2011）：

真實案例停看聽

34歲的呂男不滿念大學的李姓女友和他分手，傳簡訊給李女，恐嚇要把兩人的性愛影片傳遍全世界，讓她生不如死。隔天以「最新口交

> 女王」標題，將兩人性愛影片PO上網，並公布李女姓名和學校，李女發現後報警。
>
> 地檢署依恐嚇、妨害名譽等罪起訴呂男，妨害祕密的部分則因他公布的性愛畫面，是和李女交往時，在汽車旅館拿李女的手機拍攝，李女事後再將影片傳給呂男，檢方認為未構成妨害祕密罪，處分不起訴。

談戀愛或分手會受到傷害，主要是因為不夠了解對方的人格特質，以及自己的溝通技巧不佳。談戀愛不能盲目、神祕，一定要做到下列各項：

- 了解對方的家庭背景與求學或工作狀況。
- 讓家人了解你們的交往情形，參考親友的態度與建議。
- 仔細觀察對方是否有控制慾、過於悲觀、易怒或施暴傾向。
- 平時互動要平等尊重，而非誰一定要聽誰的。
- 碰到某些事情意見不一致或價值觀不同時，更應冷靜溝通，不要大吼大叫或哭鬧、嘔氣。

分手也有一些必要步驟：

- 應婉轉地提出，勿激怒對方，必要時可向親友或專家求助。
- 分手前可求助心輔人員，擬妥「安全分手計畫」。
- 分手談判要選擇公開場合，並由親友陪同，切勿單獨赴約。
- 若兩人曾同居，必要時可向法院聲請保護令。
- 告知家人分手的訊息，並以搬家、換手機號碼、改變出入路線或換工作等方式，避免讓對方找到你。

幸福一點靈

1. 即使施暴的一方被判刑，戀愛與分手所造成的嚴重心理創傷，仍可能跟隨自己一輩子（如罹患慢性心理疾病等）。
2. 談戀愛或分手會受到傷害，主要是因為不夠了解對方的人格特質，以及自己的溝通技巧不佳。

如何提出分手？

不想構成分手悲劇，最好的方法是，不要太快或過度投入一段戀情，也就是不要過於浪漫或迷戀。趁著還沒有陷入太深之前「喊停」，這樣的分手，未嘗不是件好事。

有些人很容易陷入戀情，從好的一面說，可能是條件太好，輕易就能吸引別人注意。但相對的問題是，清醒之後則要面臨如何提出分手的煩惱。所以，情史豐富可能代表你不夠理智，才會造成或留下不少傷痕。再者也要自我檢討，為何如此痴戀？為何太愛冒險？以致造成必須分手的痛苦。

如果確定要與對方分手，則要好聚好散；以不傷對方自尊、自信的方式，分次及漸進地傳達自己的想法。即使對方生氣、激動，仍要耐心地應對。若發現對方情緒失控，則要注意保護自己，有技巧地停止與離開。之後則要小心他可能採取跟蹤或其他報復行為，最好將此事告知父母或學校輔導單位，以免造成憾事。

分手前最好讓對方「有跡可循」，避免突然地提出，讓對方一時無法接受。不要在對方不如意或身心狀況不佳時談分手，要找尋適當時機及安全場所。可藉由電話或書信來溝通、解釋，避免面對面發生衝突。分手時不要翻舊帳，或以難堪的言語激怒對方。一旦發現對方的情緒漸漸激動起來，最好終止分手的話題。分手前最好和專業諮詢師談談，釐清想和對方分手的原因。一旦決定分手，就不要藕斷絲連，讓彼此的關係變得曖昧不明，反而使情況更加複雜。

分手時，雙方都不要惡言相向，以免情緒失控而做出自傷或傷人的行為。不要因為不甘心而在背後毀謗對方，這樣只會使負面情緒因發洩而愈來愈強烈。

真實案例停看聽

二〇〇八年十二月，奧運跆拳道金牌得主朱木炎與跆拳道美少女楊淑君，原本在國內體壇有「神鵰俠侶」之稱，但楊淑君親口說出已分手，證實長達五年的「朱楊戀」正式結束。楊淑君面對媒體時也首度承認己有新男友，記者問：「分手會難過嗎？」楊淑君笑說：「不會。大家好好談分手，沒有拳腳相向。」

兩人從二〇〇二年廣島亞運期間滋長愛苗，二〇〇五年朱木炎拿下奧運金牌後，發生網友「雪兒」事件（被詐財一百多萬），傳出楊淑君父母反對他們繼續交往，因為朱木炎徹底懺悔，戀情才得以延續，但也種下日後分手的因子。楊淑君接受訪問時表示，「現在就是朋友，大家都是朋友！有自己的目標。而且我們現在還年輕，很多事情都很難說！」

其實，分手的處理是一個很好的學習機會。如：

- 可以學到如何不刺激對方、不爭吵，而可以化解人際衝突。
- 可以學到檢討與改變自己對情感的態度，是否把感情看得太重，而疏忽了生活其他的面向。
- 可以學到更認識一個人，而非活在自己的想像當中。
- 可以學到更認識自己，因為分手並不是單方面的錯。走到必須分手，雙方都有責任。

分手的理由很多，細細檢討起來，都可以從中成長。

- ✪若是個性不合，或許可做部分調整；若實在不合，也不必偽裝與遷就。
- ✪若是感覺變淡，可能是我們缺乏自信，把對方抓得太緊，反使他極力想要掙脫。
- ✪若是對方背叛，也不必過於憤怒，也許是本來就有了問題，才給了別人可乘之機。或是我們沒有好好經營情感，未能在關鍵時刻鞏固關係、掌握情勢。
- ✪若是溝通不良，則可能因自己或雙方的溝通素養與技巧不足；到了分手這一刻再來調整，通常已來不及了。

幸福一點靈

1. 不想構成分手悲劇的最好方法是，不要太快或過度投入一段戀情，也就是不要過於浪漫或迷戀。
2. 其實，分手的處理是一個很好的學習機會。分手的理由很多，細細檢討起來，都可以從中成長。

愛的練習曲

1. 觀察自己或他人，如何面對「別人向我提出分手」的狀況？
2. 觀察自己或他人，如何「有技巧地提出分手」？
3. 向心理專家或父母師長請教，擬出「安全分手計畫」。

戀愛教室Q&A

Q：我承認自己欠缺自信，很沒有安全感，我常告訴女友這些感受，希望她能體諒我「胡思亂想」。剛開始女友還能諒解，久了女友卻覺得那是我的問題，她沒必要因此諒解我的「疑神疑鬼」，甚至「無理取鬧」。我害怕有一天女友會對我不耐煩而放棄我，該怎麼辦？

A：其實，你幾乎已經找到答案了。如果不希望女友離開你，就要處理自己缺乏自信及安全感的問題，不能將它與愛情混淆不清，尤其不能以此當作你有時「不可理喻」的藉口。

每個人都有自信及安全感方面的問題，或許來自家庭背景、成長經驗及重大創傷等。要解決你的愛情問題，恐怕應先找輔導專家處理自己的心理問題。

第三篇

當我們「同」在一起

「恐同」與「性別歧視」不要來

你看那邊那兩個是不是Gay啊？
噁……真的耶！男人喜歡男人，想到就噁心！
我長這麼帥，萬一也被Gay看上怎麼辦？
這位同學……
同志跟一般人沒什麼不同，有些人甚至更為專情和高標準，換句話說……
像你們這種長相，我才看不上眼呢！
好可怕
這是反向性別霸凌吧！

在我教授的「情愛溝通」課程中，常有同性戀的同學來選修，而且愈來愈「顯而易見」。可能是他們覺得我對所有學生都一視同仁，所以「敢於」參與這門課吧！但班上還是有同學「不自在」，所以分組時，同性戀者多半會聚在同一組，不去「打擾」那些不歡迎他們的人！可喜的是，班上同學愈來愈不覺得同性戀者有什麼不一樣，所以，同性戀的同學因為不彆扭而放鬆心情後，就變得「不明顯」了。

認識同性戀從「改錯題」開始

其實，我自己是從心理輔導工作中，慢慢學會對同性戀者「一視同仁」的。最初接觸他們，因為不熟悉同性戀的愛情世界，所以有許多不正確的猜測。現在，只要他們確定自己的性傾向（我不會質疑，即使事後他們發現自己並非同性戀者，也是一種愛情的歷練），我對於同性戀或異性戀並沒有差別待遇。然而，學無止境，我還是需要同性戀的同學經常提醒與糾正我，例如：

老師平常舉同性戀的例子時，常以「穿女裝的男生」或「行為舉止女性化」為例，其實「穿女裝」這個行為比較接近跨性別（Transgender）。Gay或Lesbian則在心理上認同自己是男／女性，他們以男／女性的角色去愛男／女生。當然，行為舉止比較女性化的男人，多半是Gay；並不代表所有的Gay，行為舉止都很女性化。我身邊就有許多例子，這些Gay就跟最普通的路人一樣。

我擔心老師常舉類似的例子，會讓不知情的異性戀學生，從此對男同性戀者冠上「娘娘腔」的刻板印象。雖然娘娘腔沒什麼不好，但刻板印象卻是不好的。

說得對！我們很容易誤以為Gay的行為舉止都很女性化，所以「娘娘腔」這個字眼，不論對同性戀者或一般個性較柔和的男性，都是不公平的「性別歧視」。

同性戀情侶是不分男女的！大家眼中所看到的，只是「誰較像男生角色（保護、照顧），以及誰較像女生角色（撒嬌、任性）」的分別而已。簡單來說，就只是「照顧、被照顧」這兩種形象，然後一般人就將這兩種形象冠上「男生、女生」的頭銜了。

的確，「性別刻板印象」也影響到同性戀的世界，以致於他們也不能「免俗」地分出了「陽剛」或「陰柔」的社會形象。其實這種區分在「性別平等」的時代，是沒有必要的。

有部分的T❶，純粹是天生不愛女性的穿著；但也有部分的T，覺得要穿得像男生才能擔負起「照顧女朋友」的責任。前者的T，妳不能說她是複製異性戀，因為她就是覺得裙子不適合自己；後者的T，是因為對自己的性別不夠有自信，所以希望至少外表像男生，以免女朋友不喜歡自己女生的樣子（或是她遊走在跨性別的邊緣）。不是所有T都這樣，T裡面又

❶ 在臺灣，通常會把男性化打扮，或在性生活中處於主動地位的女同性戀稱為「T」；而打扮和行為較女性化，或在性行為中較被動的女性稱「婆」。

有娘T、美T、長髮T，大家不知道嗎？其實說T，就有複製異性戀之嫌疑了。再澄清一點：為數不少的女同性戀是「不分」的，沒有T也沒有婆，就是兩個女生談戀愛而已。

是啊！同性戀就是兩個男生或兩個女生在談戀愛。會有「複製」異性戀的男女之分，是因為對自己的性別還不夠有自信。

很感謝這些同學的「指導」，因為一般人對同性戀有許多「自以為是」卻「似是而非」的看法，讓同性戀者搖頭嘆息、哭笑不得，忍不住想要加以「改正」。身為老師或其他社會代表人物，更不能對同性戀有錯誤示範；因為影響力強，更可能造成「積非成是」的負面效應。例如知名作家及畫家劉墉(2006)，他又是怎麼看待同性戀呢？

這應該是《斷背山》最引人深思的地方。它讓我們反省，如果那兩個大男孩不是因為天寒，擠在同一個小帳棚，又不是因為都喝了酒，甚至如果其中一人不主動，就什麼事也不會發生。

這是劉墉(2006)看完電影《斷背山》(*Brokeback Mountain*)後得到的感想。他覺得兩位男主角若沒有發生「親密關係」，兩個人都會結婚、疼愛妻兒，快快樂樂過一生。

只是「經過了，就不同了」，因為嘗試了同性的性行為，引起了內心隱藏的火種，兩個人都終其一生，發現同性的感覺更美好。

對於同志的看法，劉墉(2006)強調他「從不歧視同志」，甚至為文說明男同志與女同志的優點，是許多異性戀者所缺乏的。

只是從另外一個角度，我也不得不說，同性戀違反了生物進化的原則。想想，如果人人都是同志，人類不是很快就絕種了嗎？而且由於發生同性戀的時間往往在青少年期，當其中一人成年之後回到異性戀，另一人不願意，則造成失戀的悲劇。

劉墉 (2006) 在書裡也提醒年輕朋友：

當你到了青春期，正尋找人生定位的時候，如果發現同性對你示好，而且你愈來愈離不開對方。要想想，你們是不是會走上那條路？抑或可以守住分寸，一輩子做義氣相投的弟兄與知心的手帕交？

我的同性戀學生看到劉墉的觀點，應該會大搖其頭，恨不得立刻飛到劉墉身邊，和他好好辯論一番吧！「嘗試了同性的性行為」，並非就成了同性戀，更不可能「人人都是同志」。「同性對你示好」，若你不是同性戀者，也不會「走上同性戀這條路」。

有些人無法接受同性戀，覺得同性戀是不正常的，對於同性戀之間的親密動作很難忍受，即使自己是同性戀也：「一樣受不了，我會殺了自己。」不曉得他們是受了誰的影響，而有這樣的想法？

幸福一點靈

1. 只要同性戀者自己確定了「性傾向」，那麼對同性戀或異性戀就不需給予差別待遇。
2. 身為老師或其他社會代表人物，更不能對同性戀者有錯誤的印象，以免形成龐大的負面效應。

同志教育的重要性

《性別平等教育法》於二○○四年公布，第二條（本法用詞定義）指出：性別平等教育，指以教育方式教導尊重多元性別差異，消除性別歧視，促進性別地位之實質平等。性別認同，指個人對自我歸屬性別的自我認知與接受。

《施行細則》第十三條也明列：「性別平等教育相關課程，應涵蓋情感教育、性教育、同志教育等課程。」

也就是說，即使同性戀者屬於少數族群，仍應獲得公平對待。全民都必須接受「同志教育」，學習尊重多元性別差異、消除性別歧視，才能促進性別地位之實質平等。尤其在二〇一一年修正公布的第二條，關於「性霸凌」部分：絕不可以透過語言、肢體或其他暴力，對於他人之性別特徵、性別特質、性傾向或性別認同進行貶抑、攻擊或威脅之行為。「同志教育」非常重要，除了讓非同志認識同志之外，同時也幫助同志認識及接受自我歸屬的性別，活得有尊嚴。

有關「同志教育」，教育部訂定各年齡層的分段目標如下：

(1)性別的自我了解

- 認識多元的性取向（國小高年級）。
- 了解自己的性取向（國中階段）。
- 接納自己的性別特質（國中階段）。

(2)性別的人我關係

- 認識多元的家庭型態（國小中年級）。

✪了解人人都享有人身自主權、教育權、工作權、財產權等權益，不受性別的限制（國小高年級）。
✪了解性別權益受侵犯時，可求助的管道與程序（國小高年級）。
✪破除對不同性別者性行為的雙重標準（國中階段）。
(3)性別的自我突破
✪探究社會建構下，性別歧視與偏見所造成的困境（國中階段）。
✪探究多元文化社會中的性別歧視，並尋求改善策略（國中階段）。
上述指標若均能在國小高年級至國中達成，各種性別就沒什麼差異，都能平等、和諧地存在。然而，網路上卻有一個「反對教育部在中小學教育多元性傾向」的連署，他們擔心「同志教育」使兒童與青少年在「性別認同」及「友伴關係」上造成混淆，影響身心健康。這又是一樁社會的同性戀恐懼（Homophobia）事件，臺灣青少年性別文教會特發聲明稿澄清（二〇一一年四月十日），強調支持教育部從中小學納入同志教育的十個理由：

✪重視同志的生命價值。
✪減少性傾向歧視的初級預防。

✪正視兒少同志存在事實。
✪有助減少同志孤獨無望感。
✪同性密友期無法解釋同性關係。
✪免於陷同志於異性關係。
✪同志與國，情慾無關道德。
✪反對獨尊異性戀婚姻。
✪有利了解多元異性關係。
✪同志友善從小教起。

另外，各大專院校之性別社團，也發表支持「同志教育」的聯合聲明，重點如下 (Towel, 2011)：

✪「同志教育」是尊重及友善的「性別平等教育」的指標。
✪「同志教育」讓我們不在認同的過程中掙扎。
✪「同志教育」給我們一個擁有友善空間的機會。
✪「同志教育」讓我們不在孤立無援的時候放棄自己。
✪「同志教育」給我們更自由自在地做自己的機會。

✪「同志教育」不是教人變成同性戀的教育。
✪「同志教育」讓我們了解自己的權利。
✪「同志教育」給我們溝通的能力。

玄奘大學宗教學研究所教授釋昭慧(2006)，亦為文聲援，摘要如下：

異性戀與同性戀，同樣都是情欲，因此擁有情欲的共同特質——兩者都是動物本能，並沒有神聖與罪惡的分野，也沒有蒙受祝福與承受詛咒的殊遇。兩者的情欲，同樣構成繫縛身心的猛烈力道；同樣會因縱情恣慾或獨占心態，而導致傷己傷人的罪行；同樣可予以節制（如忠於配偶）或予以戒絕（如獨身修行）；同樣可予以轉化或予以昇華（如廣慈博愛）。以異性戀的立場來指摘、歧視或質疑同志，不過是五十步笑百步而已。

也因為佛法對情欲有如上見地，因此在佛教中，同志較未受到宗教性的壓迫與詛咒，也並未被視作需要「矯治」的病患；同志的情感生活，並未受到眾多的注目與討論。至多是「不習慣」旁觀同志戀人的親密動作，但話說回來，吾人又何嘗「習慣」旁觀異性戀人大剌剌的親密動作呢？

然而，難免還是有些負面的聲音，出現在佛教圈裡。此中最常聽到的就是業障論，聲稱同志的性取向，來自惡業的招感。然而我們要問：

同志較諸異性戀者，真有較為深重的罪業嗎？是殺、盜、婬、妄的哪一樁，足以與同志產生必然的因果關聯？要知道，同志的身心狀態，大都良好；同志本身，並不因其性傾向而受生理或心理之苦；只要對他們不施以歧視、壓迫，他們是可以自得其樂的。同志之所以受苦，更多時候並非來自其罪業，而是來自異性戀主流文化的社會壓力。

下面這首五月天的歌，也可看出同志想要打破傳統規則的強烈堅持：

盛夏光年

演唱：五月天
作詞：阿信

放棄規則，放縱去愛，放肆自己，放空未來。
我不轉彎，我不轉彎，我不轉彎，我不轉彎。

幸福一點靈

1. 「同志教育」是為了讓同志不在孤立無援的時候放棄自己，「同志教育」絕不是教人變成同性戀的教育。
2. 同志本身，並不因其性傾向而受生理或心理之苦；只要不對他們施以歧視、壓迫，他們是可以自得其樂的。

性別人權

「尊重多元性別特質」的意涵，就是要學習除了傳統異性戀的男女角色以外，也能接受少數人不同的選擇，包括女同性戀(Lesbian)、男同性戀(Gay)、雙性戀(Bisexual)、跨性別(Transgender)等，尊重他們選擇成為一個「非傳統異性戀者」的權利，尊重每一個人的獨特性。

女同志為了和男同志區分，採用希臘女詩人莎孚(Sappho)所居住的Lesbos島名，為自己命名為"Lesbian"，有「自覺不必認同男性至上之女性」

的含意。至於「酷兒」(Queer)一詞，原本泛指同性戀、雙性戀，以及跨性別的統稱。所謂的跨性別，包括變性者、反串者、反串秀者、異服者、陰陽人等。女性化傾向的男生或男性化傾向的女生，並不一定就是同性戀者。

許多人以為，同性戀是受後天環境影響而形成，所以可以改變過來。但醫學界現已普遍認為，企圖改變一個人的性傾向，不僅成功率極低，而且會使當事人沮喪甚至自殺。

因此，除了尊重多元性別之外，更重要的是，要了解同志也應享有同等的人權。從九〇年代末期起，臺灣長期以來屬於弱勢性別主體的同性戀、雙性戀、跨性者等，開始質疑約定成俗的異性戀體制，並分享他們的生活經驗、展現多元性別主體的繽紛面貌，也讓臺灣社會體認到性別人權的重要性。

何謂「性別人權」？性別人權與弱勢性別主體的文化權、社會權、政治權、經濟權有關，旨在消弭歧視、建立主體文化，以及均等共享社會權力與資源。在促使性別人權普及的過程中，各種性別的主體都應互相尊重、進行對話（台灣性別人權協會，2011）。

張惠妹曾擔任二〇〇七、二〇一〇年彩虹大使，參加同志大遊行，為推動同志友善社會、爭取同志人權而努力。她曾在演唱會上，將下面這首歌獻給同志朋友，要大家珍惜身邊各種的愛：

> **彩虹**
>
> 演唱：張惠妹
> 作詞：陳鎮川
>
> 衣櫃不算太寬，藏著你的天堂，依然歡迎我分享。
> 我們的愛很像，都因男人而受傷，卻又繼續碰撞。

幸福一點靈

1. 性傾向是很難靠後天力量改變的，企圖扭轉，不僅成功率極低，而且會使當事人感到沮喪甚至自殺。
2. 性別人權與弱勢性別主體的文化權、社會權、政治權、經濟權有關，旨在消弭歧視、建立主體文化，以及均等共享社會權力與資源。

愛的練習曲

1. 請與同性戀者深談或請教，是否澄清了一些一知半解、似是而非的觀念？
2. 參加性別社團舉辦的活動，分享自己受到何種文化衝擊？
3. 觀賞有關同志的電影（如《為巴比祈禱》（*Prayers for Bobby*）、《自由大道》（*Milk*），看看自己有何感動或改變？

親愛的爸媽，我是同志

請放心地把您的兒子交給我吧！
我想早點讓大家知道我能給你幸福啊！
笨蛋！但你這樣會嚇到我爸啦！
可不可以呢？父親大人？
就算您不同意，我也會到國外去公證……
……
閃光～
兒啊！為父的縱然還是有點擔心……
但也無法改變你們的決定了吧……

即使已年過40、事業有成，作家陳雪也坦言「她與她」的婚姻，並沒有正式告訴雙方家人。許多年輕的同志，在經濟上還需要依賴父母時，可能更難啟齒。

慎防青少年同志自殺

不知如何與家人溝通，同志的戀情與婚姻才能獲得家人的支持與祝福？然而，一再拖延的結果，卻可能因沮喪、絕望而釀成悲劇（林順良，2010）：

真實案例停看聽

屏東縣兩名未滿18歲的專科女生，在寢室同床而睡，遭指責疑為同性戀，竟然想不開，雙雙到車城鄉一家民宿燒炭自盡。她們在隨堂測驗紙寫下遺言「感謝父母養育之恩，我們要一起走」，留下兩個傷心欲絕的家庭。家人面對冰冷的屍體，哭得痛不欲生，不解女兒為何要做這樣的傻事。

尋短少女讀同樣科系，其中一人有孿生姊姊，三人住同一寢室。孿生姊姊早懷疑兩人過從甚密，發現兩人同床睡時大聲斥責「不該睡在一起」，驚動其他室友。於是，兩人一大早即離開學校。

兩名女學生燒炭自殺，震驚校園，斥責妹妹的孿生姊姊情緒近乎崩潰。校方說，事前並未接獲任何有關兩名學生交往的情形。

悲劇發生後，雙方家長表示並不知道女兒是同性戀者，只以為兩人感情很好，純粹只是「好同學」。雙胞胎姊姊則向警方說，妹妹的同性戀關係已發展一年多了，她曾多次指責妹妹，甚至當著兩人的面調侃說：「那麼多男生不去愛，為什麼要挑個女生？」讓妹妹深感受辱，姊妹為此經常吵架。姊姊自覺無力處理，卻也沒向家長、老師或學校輔導單位反映。學校則說，確有部分老師及學生質疑「兩人為什麼感情那麼好？」但因她們沒有公開承認，所以學校也沒有介入處理。

遺書說：「我們倆是真心相愛，既然無法得到家人認同，只好跟自己這輩子第一個、也是最後一個伴侶走完人生的路！」看到遺書，父母及家人應該非常懊悔吧！情願她們還快樂地活著，即使同性戀也沒有關係。若有家人是同性戀時，父母及手足該如何處理？以下幾點可以好好參考：

- 以「愛孩子」為出發點，協助子女向醫生或輔導人員求助，以了解自己的性向。
- 要有正確的認知，同性戀並非孩子、家長或任何人的錯。
- 青少年同志的自殺率較高，要幫助他一起面對可能產生的社會壓力。
- 出櫃不是最重要的事，應尊重子女自己的意見。
- 有問題或疑惑時，可向相關團體求助，如台灣同志諮詢熱線、同志父母愛心協會等，讓有經驗的過來人幫助你。

幸福一點靈

1. 以「愛孩子」為出發點，陪同子女一起向醫生或輔導人員求助，協助孩子確定自己的性傾向。
2. 有問題或疑惑時，要儘快向相關團體求助，如：台灣同志諮詢熱線、同志父母愛心協會，讓有經驗的過來人幫助你，以免發生憾事。

同志的父母也需要幫助

二〇一一年七月八日，同志父母組成的「同志父母愛心協會」，在立法院宣布成立。這是亞洲第一個同志父母團體，召集人郭媽媽表示，臺灣同志人口約兩百萬人，就有四百萬名同志父母。希望這些父母能和她一樣，理解並尊重子女的同志身分認同。大約只有三成同志，敢向父母表明「出櫃」的身分。很多同志年輕時遭到同儕的性霸凌，加上擔心被父母責備或不被諒解而不敢出櫃。年歲漸增後，父母年紀也大了，又擔心刺激他們，最後只能一輩子隱瞞真相。

很多父母無法接受自己的小孩是同志，但只要了解同志並非疾病，各方面的表現都與正常人無異，多數父母應該都能接受子女「出櫃」。不要以異樣眼光來看待同志，因為這些同志也都是父母心愛的孩子，應該得到社會的尊重與理解。

「同志父母愛心協會」的前身為同志團體的「櫃父母小組」，二〇〇六年開始針對同志父母進行教育。期望藉著自身經驗，陪伴更多同志及同志父母走向社會，讓異性戀接納同志。協會還開辦「出櫃輔導班」與「出櫃保證班」，持續幫助同志的父母。

前述自殺的那對同性戀少女來自屏東，二〇〇〇年的葉永鋕事件已為屏東教育界投下震撼彈，為何十年過去了，同志仍不被接納及了解，仍被認為是「罪惡的」、「不能公開的」？

葉永鋕從小就有女性化的特質，不喜歡電動玩具，只喜歡拿鍋子用泥巴炒菜。聲音比一般男孩子尖細，比著蓮花指參加沒有其他男生的合唱團。善解人意的他還會圍上圍裙幫媽媽煮飯，在端午節時包粽子。

葉永鋕讀高樹國中時遭到同學歧視，除了常被男同學嘲笑，還曾被脫褲子「驗明正身」。所以他總在下課前幾分鐘去上廁所，或為了獨自上廁所而上課遲到。然而某次單獨上廁所，卻從此一去不返。究竟是遭到同學攻擊，或是自己不小心跌倒而死亡？至今仍是一個謎。後來法院判決校方負有業務過失之責，性別平等教育協會也出版《擁抱玫瑰少年》，以性別平等觀點重新審視葉永鋕事件。性平會表示，不論叫玫瑰少年或嘻嘻（Sissy）男孩，只希望臺灣社會從此學會尊重、欣賞不同性別特質。教育部也出資拍攝《玫瑰少年》一片，作為校園的性別平等教材。

二〇一〇年九月十八日，葉永鋕的媽媽到高雄參加彩虹遊行時，上臺對同志朋友加油打氣：

> 孩子們，你們要勇敢，天地創造你們這樣的一個人，一定有一個地方讓你們去爭取人權，要做自己、不要怕，你們不要怕，你們要幸福、要快樂。

葉媽媽認為，身為同志本身並沒有錯，父母也毋須為此感到丟臉，反而應該接受事實，陪伴孩子面對外界異樣的眼光。她說：

> 我的孩子在很小的時候，就聽到別人叫他「娘娘腔」，甚至他的阿嬤是

客家人，還叫他「查某」。我的心有多痛，你們知道嗎？再大一點的時候，別人就罵他「變態」。我並沒有不幫助我的孩子，我到處帶他去看醫生，高雄醫學院竟然介紹我去看精神科。精神科醫生覺得他沒問題，就轉看心理醫師，心理醫生說，你們覺得他不正常的人，就是你們不正常啦！

葉永鋕事件在如今稱為「性霸凌」，學校教職員工若發現這樣的事情，必須在廿四小時內通報，當事人或法定代理人則可申請調查。依《性別平等教育法》第廿一條：

學校校長、教師、職員或工友知悉服務學校發生疑似校園性侵害、性騷擾或性霸凌事件者，除應立即依學校防治規定所定權責，依性侵害犯罪防治法、兒童及少年福利法、身心障礙者權益保障法及其他相關法律規定通報外，並應向學校及當地直轄市、縣（市）主管機關通報，至遲不得超過廿四小時。

第廿八條：

學校違反本法規定時，被害人或其法定代理人得向學校所屬主管機關申請調查。校園性侵害、性騷擾或性霸凌事件之被害人或其法定代理人得以書面向行為人所屬學校申請調查。但學校之首長為加害人時，應向學校所屬主管機關申請調查。任何人知悉前二項之事件時，得依其規定程序向學校或主管機關檢舉之。

幸福一點靈

1. 同性戀者要勇敢地做自己，一樣擁有幸福、快樂的權利。
2. 學校校長、教職員工知悉服務學校發生疑似校園性霸凌事件時，應於廿四小時內向學校及當地直轄市、縣（市）主管機關通報。

愛的練習曲

1. 你周遭有同性戀朋友，因得不到家人支持而非常痛苦嗎？
2. 你是否參加過同志遊行（或稱彩虹遊行）？為什麼？
3. 你是否知道有人遭到性霸凌或對別人性霸凌？

他們與她們的愛情

最近他常常跟那女孩走在一起……
啊！又來一個男的！
可惡！你們不要靠那麼近啦！
驚!!
啊！會不會他發現自己其實是假性同性戀？
柱子
或雙性戀？還是厭倦了同志的生活呢？
不要~我不要你離開我~
……他還真可愛……
其實是帶學弟妹認識校園

在臺灣，約一成的人口有同志傾向。以早期來說，社會觀念保守，無法接受同性戀者，不少同志不敢違抗父母之命，只好與異性結婚生子；直至年老，才找同性外遇，結果掀起家庭革命。

自我性別認同的困難

二〇〇五年，陳雪重新出版《惡女書》（原一九九五年出版），該書最末〈後記——寫給慶〉當中寫著：

慶，女人是可以如此深愛另一個女人的，我竟花了六年的時間才明白。人們都說這只是錯覺，人們都說女人需要找個男人結婚生子才算幸福，人們都說女人之間存在的只有競爭、猜忌，和爭奪男人的戰爭……。

人們都說你們就做好朋友不行嗎？為什麼要談戀愛。

他們都不懂，我以前也不懂。

不懂真正的情感不會因為性別的問題就改變。

我曾經因為恐懼世俗的目光而逃避對你的情感，離開之後卻又在無數個女人身上尋覓你的形影。
許多次我想到了死。
但死前我必須再見你一面。

陳雪生於一九七〇年，上述文字寫於一九九五年，她25歲時。所謂花了六年才明白「女人是可以深愛女人的」，可見她在20歲以前，就深為自己同志的認同問題而苦惱，甚至想一死了之。

同志伴侶關係的經營

同志伴侶不僅在日常生活有許多需要調適的地方，還有來自社會的壓力。因此，維持健康的同志伴侶關係，就顯得非常重要。可以怎麼做呢？

先從短期相處開始

交往不等於會白頭偕老，異性戀也一樣。許多人在相愛的時候，信誓旦旦地說：「你是我的最後一個。」之後多半做不到。還有人說：「希望你是我的第一個，也是最後一個。」但希望多半會破滅。尤其同性戀不出櫃時，很容易與社會隔離；加上戀情往往容易過度激烈，很快又沒了感覺。於是，愛情來得快、去得也快。所以，與異性戀一樣，不要急！還是要找到「對的人」才行。

決定是否採取「一對一」的關係

這是同志關係中比較特殊與敏感的部分，不是所有的同性伴侶都是兩人世界，三人乃至多人的開放性關係也不無可能。當然，與異性戀一樣，若已經進入一段感情，就不要對別的情感心存幻想。最好在某段感情開始之前，與你的伴侶真誠討論，是否採取「一對一」的關係？是否忠於彼此？

積極參與其他同志的社交活動

參與其他同志的社交活動，可以與有相同處境的同志交流，從而得到客觀的建議，這也是很好的紓壓方式，以免彼此容易胡思亂想。

勇敢地為自己及對方發聲

即使你沒有出櫃，也可以制止別人對同志的惡意對待，以贏得自尊及伴侶的尊重。朋友甚至家人對同性戀誤解或惡語相向時，要勇敢地站起來說明真相，這點非常重要。健康的同志關係，不僅局限在你與伴侶之間，也涉及整個社會的態度與觀念。

決定是否公開你們的關係

當你們已決定在一起，就該思考是否出櫃。向關心你的親人、朋友，公開你們的交往狀況。但，若有一方還沒準備好公開他的性取向或同性伴侶，沒關係！要理解對方的苦衷，設身處地為對方著想，耐心地討論今後是否需要出櫃？何時出櫃？

幸福一點靈

1. 無論是同性戀情或異性戀情，交往都不等於會白頭偕老。

2. 同性戀情中，若有一方還沒準備好要公開性取向或同性伴侶，要理解他的苦衷，不要勉強他「出櫃」。

同性戀情的艱辛與突破

同性戀的困境比起異性戀，除了要不要「出櫃」外，還有許多艱難之處。在同志諮詢熱線編製的《認識同志手冊》(2005) 中，有則案例：

真實案例停看聽

中秋夜，一群同志朋友參加一場海灘舞會。大夥替當天生日的壽星慶生，吹完蠟燭後，微醺的壽星許願，指定身旁一對情侶接吻。在眾人的起鬨下，被指定的兩個男生擁吻起來。沒多久突然有酒瓶飛過來，緊接著就有幾個陌生人衝過來，硬把接吻的兩人架開，連罵幾聲羞辱同志的髒話；雙方起了衝突，一位同志朋友被石頭砸傷頭部。直到員警前來處理，他們仍嚷嚷這裡是他們的地盤、不歡迎同性戀，甚至當著員警面前，再度動手揮拳！

我自己住的地方最近治安狀況不太好，聽到這個事件後，我和我男友出門變得更不敢張揚。但我覺得很可惡，為什麼我需要這麼害怕？這麼缺乏安全感？究竟我們怕的是暴力還是我們的身分？何時才能真正打造一個同志無障礙空間？

因為擔心社會的排斥甚至暴力相向，不少同志在相戀時，只好與社會隔離，躲在自己的空間裡，或只能參加同志圈的社交活動。這樣只會增加社會無謂的臆測、更錯誤的解讀，無助於營造健康的同性戀環境。所以，儘管怕受傷害，為了追求屬於同性戀者的人權與幸福，還是要坦然迎向別人，歡迎好奇的人發問。

再者，要試探對方是否為同志，也是同性戀情發展的一大難題。有位男同志大學生，向室友告白後，室友不僅拒絕他，還告訴了同寢室的其他人，要大家小心。最後大家一致決議，希望他搬出去，讓他覺得好受傷！有人則遲遲不敢告白，深怕一告白，就連看到他的機會都沒有了，情感壓抑得好痛苦！

這個案例的問題，不僅是被拒絕，還包括住宿的問題。所以，「無性別宿舍」是繼「無性別廁所」之後，需要突破的地方。

在多元性別的社會，戀情的發生並不限定性別。同性戀與異性戀相同的是，遇到感情問題，短時間內也許可以藉由藥物改善睡眠或情緒狀態；但長時間或問題嚴重時，還是需要求助，經由良師益友或心理專家的陪伴、傾聽，整理思緒、開放心胸，找回生活的重心及快樂。

最後，以五月天的一首歌作為結束。

雌雄同體

演唱：五月天
作詞：阿信

我可以是男是女，可以飄移不定，可以調整百分比。
只要你愛我一切都沒問題。

幸福一點靈

1. 為了追求屬於同性戀者的人權與幸福，還是要坦然地迎向別人，歡迎好奇的人發問。
2. 「無性別宿舍」是繼「無性別廁所」之後，需要突破的地方。

愛的練習曲

1. 訪問一對出櫃的同性伴侶，了解他們如何經營情感關係。
2. 據你的觀察或詢問，同性戀情還會遭遇哪些艱辛？
3. 你對「無性別宿舍」及「無性別廁所」的看法為何？

同志婚姻行不行

1
寶貝，你最近神祕兮兮的，在忙什麼啊？
對啊，我最近超忙的呢！
2
像我現在正準備查到國外公證結婚的辦法……
咦?!
PC
3
公證？是誰要結婚啦？而且還要到國外？
……因為等國內修法還要等很久……
等國內修法？
4
如果對象不是你，我有需要那麼麻煩嗎？
什……什麼意思啊……
PC
另類求婚

同志婚姻是什麼樣貌？他們為什麼要結婚、組織家庭？報載（何定照，2011）：

真實案例停看聽

陳雪從事文字創作十六年，曾獲得許多文學獎的肯定。二〇一一年九月，她在臉書上坦承已在兩年前結婚，對象是一位小她5歲的女性，並公開婚禮的照片、分享她的心路歷程，立即獲得許多網友的祝福。不過，由於她們的婚姻並不被臺灣法律所認可，陳雪深刻感受到身為同志的不平等待遇，更在臉書上表達這樣的心情：

因為沒有法律保護，因為甚至是個祕密，因為難以對他人言說。
所謂的盟誓，是否便還原到最初的樣子。
我們握手誓約，句句貴重如金。
但一張手，又全幻化成沙，沒有誰能保護我們。

關於同志婚姻會遇到的不平待遇，包括報稅時不能合併申報、健保不能依附配偶，甚至租屋時只能說對方是「室友」等。如今，陳雪只希望能得到照顧另一半的權益，例如若自己發生意外，她的另一半能與其家人共同參與一切，甚至分配財產；或是兩人中有人需要緊急醫療時，對方能夠在必要時簽署同意書，或進入只有親屬能夠進入的場合。

同志婚姻合法的國家與地區

同性婚姻或同志婚姻（Same-sex marriage 或 Gay marriage），是指性別相同的兩人，由法律或社會承認並保護的婚姻關係。

與同性婚姻有關的其他同性伴侶關係，包括：

- 民事結合（Civil union）：通常在權利上等同或接近婚姻，但沒有婚姻的名分。
- 同居伴侶關係（Domestic partnerships）或註冊伴侶關係（Registered

partnerships)：在不同程度上，提供少於婚姻的權利。

可以註冊同性婚姻的國家或司法區域，同性婚姻的伴侶可以舉行婚禮。但不承認同性婚姻的地方，類似婚禮的儀式稱為「承諾儀式」(Commitment ceremony)，雙方藉此確立兩人關係，互相承諾履行婚姻義務，但這種關係不被法律承認或保護，沒有家庭（如子女的監護權）、財產（如共同財產、稅務、繼承）、社會（如醫療保險、探視、代做醫療決定、代行權利、移民）等權利。

各國在爭取同志結婚這部分，有何借鏡之處？以瑞典來說，溫和黨發展部總監艾妮塔·瓦格里與她的同志伴侶卡瑟琳娜，自二〇〇一年在一起，還有個5歲的兒子。她們的婚姻，見證了瑞典同志婚姻的立法過程。報載（梁玉芳，2011）：

真實案例停看聽

艾妮塔和卡瑟琳娜在一九九五年相遇，同年瑞典的《同居伴侶法》通過，兩人在二〇〇一年登記為合法伴侶。

後來，兩人為了能夠擁有自己的小孩，礙於當時瑞典的女同志人工生殖還未合法，她們到已通過法令的丹麥、芬蘭等國「醫療旅行」，經過四年努力，艾妮塔成功受孕。同年，瑞典的女同志人工生殖才剛合法，艾妮塔在保守政黨裡備受矚目，連德國、挪威的電視臺都跨國來採訪。

兩人說：「我們從不隱藏同志身分和我們的關係。」卡瑟琳娜說：「你好奇，你就開口問；我們的態度愈開放，別人的窺探就愈少。」

二〇〇六年七月，兩人的兒子艾克斯出生了，「彩虹家庭」就此成形。當時瑞典已通過同志領養權，卡瑟琳娜於是辦理領養，「我們希望兒子有雙親（Parents），不是媽媽跟爸爸，而是媽媽跟 Kiya」。"Kiya"是艾克斯發不出「卡瑟琳娜」後的自創稱呼。

為了讓孩子更認識自己，她們從小就告訴艾克斯，他是人工受精的孩子，「是媽媽拚了很多年才有的寶貝」。卡瑟琳娜說：「隱瞞只會暗示這件事是羞恥的，坦白讓他堅強。艾克斯知道自己很特別，他非常有自信。」

同志權利向來不易爭取，即使在重視平等與人權的瑞典也如此。卡瑟琳娜回憶自己青少女時期，「同性戀還被認為是一種疾病」；如今，「對年輕世代來說，同志是『非議題』，是自然的存在。」她說：「如果人們認識同志，視我們為『人』，而不是統計數字，願意認識我們，和我們建立關係，我確信，歧視會消失。」

冰島的同性戀婚姻法於二〇一〇年六月廿七日生效，冰島女總理尤漢娜·西古札妥提，當天就與同居多年的女友正式結婚，成為全球第一位在任內和同性戀人結婚的國家領導人。

67歲的西古札妥提在二〇〇九年二月一日成為總理，她和55歲的作家、記者兼編劇尤妮娜·劉斯妥提，在二〇〇二年登記為同性伴侶（冰島於一九九六年允許同志締結同性伴侶關係）。西古札妥提與前夫育有兩子，劉斯妥提也曾離婚。

截至二〇一一年止，全世界共有十個國家承認同性戀婚姻合法，依立法先後順序，如下：

- 荷蘭（二〇〇一年四月一日）
- 比利時（二〇〇三年六月一日）
- 西班牙（二〇〇五年七月三日）
- 加拿大（二〇〇五年七月廿日）
- 南非（二〇〇六年十二月一日）
- 挪威（二〇〇九年一月一日）
- 瑞典（二〇〇九年五月一日）
- 葡萄牙（二〇一〇年五月十七日）
- 冰島（二〇一〇年六月廿七日）
- 阿根廷（二〇一〇年七月十五日）

在亞洲，尼泊爾則可能成為第一個同性婚姻合法的國家。

另外，國內部分地區同性戀婚姻合法的有：墨西哥的首都墨西哥城（二

○一○年三月四日），以及美國的六個州，通過時間依序為：

- 麻薩諸塞州（二○○四年五月十七日）
- 康乃狄克州（二○○八年十一月十二日）
- 愛荷華州（二○○九年四月廿七日）
- 佛蒙特州（二○○九年九月一日）
- 新罕布希爾州（二○一○年一月一日）
- 紐約州（二○一一年七月廿四日）

以及印第安柯奇爾族（二○○九年五月）、首都華盛頓（二○一○年三月三日）與印第安蘇庫米希（二○一一年八月一日）。

截至二○一一年止，同性戀可登記民事結合與註冊伴侶的國家有：安道爾、奧地利、巴西、哥倫比亞、捷克、丹麥、厄瓜多、芬蘭、法國、德國、匈牙利、愛爾蘭、盧森堡、列支敦斯登、紐西蘭、斯洛維尼亞、瑞士、英國、烏拉圭、格陵蘭（丹麥屬地）、新喀里多尼亞（法國海外領地）、瓦利斯和富圖納群島（法國海外領地）。

臺灣在二○一一年十二月十日國際人權日提出「國家人權報告書」，將

「同志婚姻合法化」列為討論議題，這是政府首次觸及同性戀可否組織家庭的敏感議題，主張應正視同性戀組織家庭的人權。

臺灣知名聲樂家馬稚凱的同性婚姻對象為美國人，他們在加拿大辦理結婚（王光慈，2011）：

真實案例停看聽

臺灣知名聲樂家馬稚凱，一九九八年與旅臺美籍青年史國良相識相戀，決定相守一生。馬稚凱隨史國良定居加拿大，二〇〇三年加國安大略省通過同性婚姻有效法案，兩人趕搭第一班列車結為連理。

馬稚凱和史國良，一個是臺灣音樂家，一個是在臺灣田野調查、寫博士論文的美國人。史國良取得博士學位後，赴加拿大教書。

馬稚凱說，加拿大對同性婚姻的社會教育，做得很成功。對於初次見面的人，問到對方家庭時，不會用「妻子」(Wife) 或「丈夫」(Husband)，而是用中性的詞彙「伴侶」(Adorer)。「在這方面（指同性婚），我覺得很被尊重。」

幸福一點靈

1. 即使在重視平等與人權的瑞典，同志權利仍是一點一滴爭取而來的。
2. 如果人們認識同志，視他們為「人」，而不是統計數字，願意認識他們，和他們建立關係，歧視終會消失。

同志可否結婚的論戰

支持同性婚姻的人認為，無論異性戀或同性戀，婚姻都是基本人權。反對同性婚姻的人則認為，同性婚姻會衝擊傳統婚姻，改變婚姻與家庭的傳統定義。由於同性婚姻無法生育子女，如果領養孩子，將教導孩子同性戀和異性戀是平等的。某些組織甚至認為，兒童在同性戀家庭中成長，可能被培養成同性戀。

事實上，性傾向是相當根深蒂固的，不可能隨意變化。二〇〇九年獲得奧斯卡最佳原著及男主角兩大獎項的《自由大道》（*Milk*）一片（也獲得最佳影片提名），由真人實事改編。男主角哈維米克與反對同性戀者公開辯論時，極力澄清：「同性戀孩子在異性戀家庭與環境中耳濡目染，並沒有變成異性戀；為什麼異性戀孩子在同性戀家庭成長，就會變成同性戀？」

研究顯示，由兩個媽媽或兩個爸爸培養的孩子，跟由一對夫婦培養的孩子，在各方面並沒有區別。但反對者仍不贊成同性戀者領養兒童，他們認為將心智尚未成熟的幼兒安置在一個異常的家庭，可能侵害兒童的人權，並受到同儕的歧視。

反對同性婚姻者指出，同性婚姻無法繁衍下一代，將衍生出生率下降、人口老化和生產力下降的問題。然而，同性戀的比例只有5%至10%，異性戀家庭不能生育或不想生育的比率更高。

即使在較為自由民主的美國，支持與反對同性婚姻的比例，仍各占一半，幾乎勢均力敵。這部分的論辯，可能還要進行數年甚至十幾年。

二〇一一年六月廿四日，美國紐約州參議院通過一項同性婚姻法案，使得紐約州成為全美第六個、也是允許同性戀合法結婚的最大州。支持同性婚姻的紐約市長彭博說，這項投票是「平等與自由的歷史性勝利」(民調顯示，58%的紐約客支持同性婚姻，七年前僅有37%)。

法案一通過，紐約州天主教會立即發表反對聲明，認為這個法案會徹底並永遠改變人類對婚姻的了解，並強調雖然他們向來以尊重的態度對待同性戀，但仍堅持婚姻應是一男一女的結合。反同志團體全國婚姻組織(National Organization for Marriage)也在紐約市等地，發起示威活動，反對同性戀婚姻合法化。

儘管有團體反對同志婚姻，但開放登記首日，就有六百五十九對同志結為連理。交往十年，已當祖母的兩名阿嬤拔得頭籌，兩人儘管坐著輪椅仍緊握彼此的雙手。

幸福一點靈

1. 同性戀孩子在異性戀環境耳濡目染，並沒有變成異性戀。所以，也不用擔心異性戀孩子在同性戀家庭成長，就會變成同性戀。

2. 即使在較為自由民主的美國，支持與反對同性婚姻的比例仍各占一半，幾乎勢均力敵。可見同性婚姻合法化的努力，還有頗長的一段路要走。

愛的練習曲

1. 觀賞有關同性戀婚姻的電影，並與人分享心得。
2. 找一對同性戀人，聽聽他們對婚姻的渴望。
3. 舉辦、參與或聆聽一場「同志婚姻合法化」的辯論比賽。

戀愛教室Q&A

Q：我是個異性戀者，但我喜歡上一個雙性戀者；談戀愛時，有什麼要注意或調整的地方？

A：如果你們彼此兩情相悅，當然可以繼續交往，只是你的情敵數量可能較為龐大，也許是男，也許是女，看你能否招架。另外也看你對同性戀的接納度與開放度如何，否則以你異性戀的角度看待對方，可能會不太習慣。雙性戀的人數比同性戀更少，所以，如果你想更了解他、更正確地愛他（可向相關團體或網站諮詢，如：同志諮詢熱線），應與他多談談這方面的問題，不要隱藏及過度猜測。其他會發生的愛情問題，就跟異性戀差不多囉！

第四篇

性？不性？由你！

愛情中的親密行為

1
我好像不小心把他悶太久了……
為什麼不可以……
為什麼……
Sex
2
算了！你過來跟我約法三章。
3
性安全講座～
首先，一定要使用保險套，任何行為沒有經過我的允許前都不可以硬來……
保險套
點頭
再來，為了安全起見，讓我檢查你房間有沒有裝攝影機，
還有還有……
4
遵命!!
狼爪
如果你都能遵守，也不是不可以啦……

愛情中自然會有親密行為嗎？正常嗎？需要克制嗎？克制不住怎麼辦？

為愛而死？

上述的疑問與擔憂，不僅會出現在戀愛的情侶身上，更常讓父母緊張，一旦發現孩子可能發生親密行為就全力防堵。然而，防堵的做法正確嗎？防堵的效果如何呢？例如，二〇一一年四月下旬，臺北市某私立高中二年級一對學生情侶，因有了親密行為而遭父母防堵，以致兩人選擇在女方住家頂樓（十二樓）跳樓殉情。

真實案例停看聽

這一對學生情侶，分別念同校的高職部及高中部。校方發現兩人在校內有親密舉止，通知家長到校處理。隔一天，兩人又有摟抱、摸臉等動作，校方再度聯絡家長會談。這次，家長放學前趕到學校時，兩人已先一步離校及逃家，雙方家長只好報警協尋。

逃家的五天四夜中，他們投宿在同學家、小旅館及廿四小時的速食店。被發現後，家長立即將他們各自帶回，但女生的情緒相當低落。第二天，男生由家長送到學校，女生則請假在家。男生發現女生沒到校，趁空打電話給女生，隨即蹺課到女生家。廿分鐘後就發生墜樓悲劇，沒有留下遺書。

警方從重傷的男生手機裡，發現一封未送出的簡訊，寫著：

「對不起，兒子不肖，或許看到這封簡訊的時候，我們已不在了。我們在一起很相愛，過去的兩三天，我們過得很甜蜜，在一起很快樂。在我們心目中，你們永遠是最棒的……」

學校及家長因為孩子談戀愛、有了親密行為而非常緊張，自以為有辦法「阻止」。然而將課業退步怪罪於「戀愛」（或對方身上），反使青少年誇大愛情的偉大；為了捍衛愛情，不惜與成人對立，採取激烈的抗爭手段。所以，父母師長不要急著反對，甚至強行分開，應藉此機會和青少年「討論」戀愛的困擾，「商量」調整之道。

現代的孩子較為早熟，從青春期開始，父母師長就應主動與孩子談如何選擇人生伴侶、戀愛（包括同性戀）及交往、分手等話題。到了高中階段，更應深入討論婚姻與家庭的責任、性行為與避孕等（學校課程也會教導）。以開放姿態與青少年「談性說愛」，擔任他們的愛情顧問，協助他們釐清愛情的盲點。分手時，父母師長也應成為他們求助的管道（含心理輔導）。

真正的親密感

如果兩人過於沉溺身體的親密接觸，除了擔心懷孕之外，久之也會覺得心靈空虛。若你並不想有親密行為，對方卻強迫你，除了要反省自己的心態，是否因怕他生氣而遷就？更要慎重思考他是否很自私、不尊重你（尤其沒做好避孕措施）？你們的關係是否健全？

反之，當你的性慾被撩起，也不應強迫對方。若想澆熄胸中燃起的熊熊慾火，可以沖個冷水澡或去做其他的事情。「性」不只局限在肉慾，還應包括情感的交流。性慾是上天賦與人類的自然驅力，就像我們口渴時想喝水、游泳時會把頭露出水面呼吸一樣，每個人都該適當地滿足性需求，包括採取手淫的方式。這部分在教育部的「性別教育」中均已納入：

- 認識不同性別者身心的異同。
- 習得性別間合宜的情感表達方式。
- 釐清情感關係中的性別刻板模式。
- 學習處理與不同性別者的情感關係。
- 認識安全性行為並保護自己。
- 反思社會環境中，性別關係的權力結構。

幸福一點靈

1. 父母師長若將課業退步怪罪於「戀愛」（或對方身上），反使青少年誇大愛情的重要。為了捍衛愛情，青少年不惜與成人對立，採取激烈的抗爭手段，常造成無法彌補的憾事。
2. 「性」不只局限在肉慾，還包括情感的交流。這是防堵不了，但須加以疏導的本能反應。

懷孕與墮胎

談戀愛時，若懂得挑選「對的人」，就能避免大多數不應發生的性行為。但父母師長還是得教導青少年如何避孕，不能一味避而不談或嚴格禁止，這樣的做法不切實際，因為，他們還是會從其他管道學習，結果可能更糟。

首先得澄清一些錯誤的性知識。有些女生以為，發生性行為後，只要不斷地跳動，就可以避免懷孕。這個認知其實大錯特錯，一旦精子進入體內，就會遍布陰道和子宮壁，不管怎麼跳，都無法把精子排得一隻不剩。另外，不少女生會計算安全期，以為安全期內絕不會懷孕；但這必須在月經週期非常正常的情況下，多數人的經期並非分秒不差。所以，當你自認處於安全期時，卻可能正好排卵，安全期反而變成危險期。

除了懷孕之外，性行為還有感染性病的風險。包括「口交」，會有黏膜接觸及體液交換，是性病絕佳的傳染媒介。

據二〇〇七年行政院公布的數據，與亞洲鄰近已開發國家如日本、韓國相比，臺灣15至19歲青少年的墮胎率為5.58‰，高出韓國將近二點五倍、日本一點三倍。二〇〇七年誕生的臺灣寶寶，16.2%是15至24歲的年輕媽媽未婚懷孕所生。

在二〇一一年，長期關心臺灣青少年幸福教育發展的台灣幸福教育協會，為響應「世界避孕日」（九月廿六日），公布了一份全球卅國的避孕調查。全球15至24歲女性首次性行為時，平均約四成八未避孕；臺灣卻是五成六未避孕，排名全球第三。比率僅次於泰國和中國大陸，顯示臺灣女性缺乏自我保護意識。

未避孕的原因，二成六指避孕措施不方便取得，一成四是性伴侶不要使用保險套，一成三認為沒有懷孕風險。臺灣15至24歲年輕人，有性經驗的比率接近七成，與歐美差不多；但歐美初嘗禁果的時間較早，約13至15歲，臺灣多在18歲以後。

調查顯示，二成四受訪者以「體外射精」來避孕，但這仍可能會懷孕。

也有很多年輕人誤以為，戴兩層保險套就有保障，但若把保險套放在皮夾或車上，保險套則容易破損，戴兩層也沒用。有人擔心吃避孕藥會變胖、長痘痘，甚至可能致癌；其實現在低劑量的避孕藥效果很好，不會改變體型、膚質或致癌。

全臺各地衛生所及台灣婦幼衛生協會，都以最便宜的價格販售保險套及避孕藥，不限年齡及婚姻狀況都可購買。

幸福一點靈

1. 父母師長應教導青少年正確的性知識，避免青少年藉由不當管道獲得錯誤的性觀念。
2. 臺灣15至19歲青少年的墮胎率為5.58‰，高出韓國將近二點五倍、日本一點三倍，是個必須正視的重要課題。

為什麼要學習避孕？

台灣幸福教育協會發現，有太多年輕人在經濟、人生規劃上都沒準備好迎接新生兒時，就當了爸媽。很多人還沒來得及展開幸福人生，就要付出與年齡不符的代價。對這些新手爸媽來說，如果一切能夠重來，他們一定會有全然不同的人生規劃。台灣幸福教育協會認為，如果教育能幫助青少年了解真實的愛情，在人生不同的階段做正確的選擇，必能替社會增加更多的「幸福人口」。

二〇一〇年六月，台灣幸福教育協會公布「二〇〇九臺灣青少年性教育大調查」（13至19歲的國中與高中生），發現臺灣青少年避孕常識普遍不足，平均分數為四十一分。34% 認為如果一天有兩次性行為，就要吃兩次事後避孕藥；37% 認為每個女生的安全期就是前七後八天；13% 無全程使用保險套的觀念，認為射精前再戴就好。

調查發現 31% 的國、高中生曾交往過男女朋友（國中生 25%、高中生 40%），其中 22% 有愛撫行為，7% 有性行為，3% 的高中女生曾經懷孕，曾懷孕的高中女生71% 選擇墮胎。雖然58% 青少年認為「若意外懷孕就要負責任並把孩子生下」，把「育兒」想得過於簡單，但真實面對意外懷孕時，選擇墮胎的比例仍占多數。20% 青少年對於避孕方法表示「不知道」或「不用避孕」。

為解決青少年避孕常識不足的問題，台灣幸福教育協會研發兩套遊戲式教材——「避孕賓果」與「幸福經濟學」。期望藉由遊戲的方式，讓青少年能在最短的時間內學習正確與必要的避孕知識，以及了解養家育兒所需負的責任。

一項針對國內八百六十七名大學女生的避孕調查發現（詹建富，2008），比起八年前，女大學生有性經驗的比率，從18% 上升至35%；但是依賴男性戴保險套避孕的比率，卻從61.1% 下降至54.2%。性行為時多半會戴套的比率，也從72% 降至51%；僅27% 受訪者每次都會要求對方戴保險套。

男友不戴套的大學女生，73% 表示會吃事後避孕藥補救。調查發現，不少年輕女性流傳利用可樂、檸檬汁沖洗陰道，或以清潔液「殺精」等錯誤觀念。臺北醫學大學醫學系教授鄭丞傑表示，事後避孕藥以高劑量黃體素抑制排卵、改變子宮內膜環境而避孕，在性行為後十二小時服用，避孕效果達98%以上；超過七十二小時則效果銳減。但切忌每次均服用，否則會導致經期紊亂。肝功能異常的女性不適合服用事後避孕藥，少數女性服用後有乳房脹痛、嘔吐、點狀出血的副作用。

鄭丞傑提出女性避孕的四道防線：第一道為意志力（需高度自我防範意識），第二道為事前避孕藥（須長期服用），第三道為保險套（男方須全程使用），第四道為事後避孕藥（可由醫師開處方箋，或自行到藥局購買）。

女性應掌握避孕自主權，謹守「若不戴套，事後服藥」的關鍵防線；以免需人工流產時，傷身又傷心。更重要的是，不要輕易被男伴以奇怪的理由說服，而容忍對方不戴套或等快要射精再戴套。而今已有「女用保險套」，女性可以性自主，不必由男性決定自己的未來（可洽「台灣紅絲帶基金會」）。

幸福一點靈

1. 幫助青少年了解真實的愛情，在人生不同的階段做正確的選擇，能替社會增加更多「幸福人口」。

2. 女性避孕有四道防線：第一道為意志力，第二道為事前避孕藥，第三道為保險套，第四道為事後避孕藥。

愛的練習曲

1. 請上台灣幸福教育協會網站（www.happyedu.org.tw），測試自己的性知識是否正確或足夠。
2. 你周遭有否同學或青少年未婚懷孕的例子，她及他是怎麼處理的？
3. 你對婚前性行為的看法為何？會否擔心懷孕？

性愛的溝通與尊重

1
燭光晚餐～
你知道我接下來想聽你說什麼嗎？
2
當然知道囉！寶貝，那就是……
3
Sex☆
住飯店，開房間！
啪嘰!!
可憐的花兒
4
你想到哪裡去了啦！
我不是想聽那些……
花
我要的只是一句我愛妳而已～

如果你真的愛他（她），就「必須」跟他（她）發生性行為嗎？以下舉個長相甜美的女大學生的例子，她願意公開自己的故事，幫助更多「無知」及「無辜」受害的人。因為，她在身心上所受的傷，多年後仍未痊癒。

約會強暴

真實案例停看聽

最近重新整理自己發生過的事情，有了更多的體悟。多年來，我一直不敢用「約會強暴」陳述自己的遭遇，也不曾主動尋求更多的相關知識。在經歷那麼多痛苦後的第八年，我才壯起膽子查詢約會強暴的資訊，發現下面這則研究統計（羅燦煐，1999）：

與美國的研究相較，臺灣青少年對約會強暴的寬容性高於美國青少年。如：

在「她自行寬衣解帶」的情況下，58%的臺灣受訪者認為約會強暴是可原諒的，美國大學生只有35%。

在「她讓他撫摸胸部」的情況下，70% 的男生及 55% 的女生認為約會強暴是可原諒的，但美國青少年只有 39% 的男生及 28% 的女生表示同意。

在「她讓他撫摸下體」的情況下，65% 的青少年認為約會強暴可被原諒，只有 24% 的美國大學生表示同意。

在「她挑起他的性衝動」的情況下，63% 的男生及 46% 的女生同意約會強暴可被原諒，美國青少年只有 51% 的男生及 42% 的女生如是想。最後，在「她本願與他上床，後來改變了心意」的情況下，46% 的臺灣受訪者同意約會強暴可被寬容，只有 14% 的美國大學生表達同意。

生長在臺灣，我清楚地知道，不少人會原諒這種強暴行為，覺得受害者自己也有責任。因此我不敢尋求援助跟安慰，在傷口上蓋一層紗布，假裝看不見，任其惡化、化膿。

然而，傷口會好，心的傷痛卻不見得能復原。我花了很長時間，讓自己能用理性去面對事實：「我並沒有錯，我有明確地拒絕。」卻還是常常在路上看到長像相似的人，而發抖或愣在原地無法動彈。

我很希望老師在往後「情愛溝通」的課程中，給予大家一些正確、客觀的觀點，避免更多的傷害或二度傷害。下面這個網址的宣導：http://ad.url.com.tw/images/sex/super_01.htm，我覺得非常好。在我多次的感情經驗中，多數男生非常缺乏這樣的尊重。

上述提到的網站是「性不性由你」，網站內容強調：真正的男性懂得尊重，不因任何理由而去強迫女性，甚至當：

- 她引誘你。
- 她穿著較引人遐思。
- 她說「不」，但你認為她是意謂著「好」。
- 你以前與她發生過性行為。
- 你請她吃飯，送她昂貴的禮物。
- 你認為女孩是需要被強迫的。
- 她喝了酒或吃了藥。

約會強暴屬於性侵害的一種，依《性侵害犯罪防治法》及《刑法》的規定，除了強制「性交」以外，還包括強制「猥褻」行為。也就是說，除了違反被害人的意願，強制被害人發生性行為；雖然沒有發生性行為，但如果有強制被害人發生足以滿足自己性慾的一切行為，仍然會構成犯罪。

因此，以下幾點應該特別留意：

- 如果你的女伴不確定她是否想發生性行為，請停下來，並與她討論一下。
- 不要假設你們兩人對親密程度的要求一致，她可能想要一些性的接觸，但不是性行為。
- 學會控制自己的性衝動，了解、尊重對方的感受，性的興奮不能當作你強迫對方有性行為的藉口。
- 沒有人希望被強暴，這是每一位男性都必須謹記的。不論女性的職業、身分、行為或穿著，任何人都沒有權利強迫她做不想做的事。「不要」就是「不要」，切莫解讀為「不要其實就是要」。
- 對神智不清楚，如喝醉的女性，逕自有性的侵犯，就是強暴；如果自己酒醉而對他人有性侵犯的舉動，也是強暴。

幸福一點靈

1. 被約會強暴者應知：「我並沒有錯，我有明確地拒絕。」所以不需要繼續自責、愧疚。
2. 控制自己的性衝動，了解、尊重對方的感受，性的興奮不能當作你強迫對方有性行為的藉口。

性別權益的維護

依《性別平等教育法》第廿一條，學校校長、教職員工知悉服務學校發生疑似校園性侵害、性騷擾事件，應向學校及當地直轄市、縣（市）主管機關通報，至遲不得超過廿四小時。並不得偽造、變造、湮滅或隱匿他人所犯校園性侵害、性騷擾或性霸凌事件之證據，應將該事件交由學校所設之性別平等教育委員會調查處理。

第廿八條，事件之被害人或其法定代理人得以書面向行為人所屬學校申請調查。即使不是當事人，任何人知悉性騷擾、性侵害事件時，得依其規定程序向學校或主管機關檢舉之。

若加害人不是學生，則依《性侵害犯罪防治法》第六條，向各直轄市、縣（市）主管機關的性侵害防治中心求助，這些中心都配置有社工、警察、醫療及其他相關專業人員辦理下列事項：

- 提供廿四小時電話專線服務。
- 提供被害人廿四小時緊急救援。
- 協助被害人就醫診療、驗傷及取得證據。
- 協助被害人心理治療、輔導、緊急安置及提供法律服務。
- 協調醫院成立專門處理性侵害事件之醫療小組。
- 加害人之追蹤輔導及身心治療。

同法第八條規定：醫事人員、社工人員、教育人員、保育人員、警察人員、勞政人員，於執行職務知有疑似性侵害犯罪情事者，應立即向當地直轄市、縣（市）主管機關通報，至遲不得超過廿四小時。前項通報內容、通報人之姓名、住居所及其他足資識別其身分之資訊，除法律另有規定外，應予保密。

由上述法規可知，不僅是被害人及法定代理人可以提出調查申請及緊急救援，其他「執行職務」相關人員，也須在廿四小時內通報。甚至任何知悉性騷擾或性侵害事件的人，都可以提出檢舉。看似有些「多管閒事」，但為被害人及後續其他可能受害者著想，每個人都應該「見義勇為」。

依教育部的規劃，要在國民教育階段教導學生避免受到性騷擾與性侵害，並懂得如何有效求助，以免發生前述女學生被約會強暴後，獨自一人承受無法化解的痛苦（她也因此得了憂鬱症）。教育部規劃的「性別教育」能力指標如下：

- 認識性騷擾與性侵害的類型。
- 同理與關懷受到性騷擾或性侵害者。
- 了解性別權益受侵犯時，可求助的管道與程序。
- 習得性別間合宜的情感表達方式。
- 釐清情感關係中的性別刻板模式。

✪ 探究性騷擾與性侵害相關議題。

幸福一點靈

1. 不得偽造、變造、湮滅或隱匿他人所犯校園性侵害、性騷擾或性霸凌事件之證據，應將該事件交由學校所設之性別平等教育委員會調查處理。
2. 即使不是當事人，任何人知悉性騷擾、性侵害事件時，得依規定程序向學校或主管機關檢舉。

愛的練習曲

1. 觀察自己或他人，是否有「疑似」約會強暴事件的發生。
2. 就你知道，有人曾遭遇性騷擾或性侵害嗎？他（她）們怎麼處理？
3. 如果你發現有人遭遇性騷擾或性侵害時，該怎麼做？

上天的禮物？
我懷孕了

1
縱使做了安全措施，意外還是……
嚇!!
結果還是有了嘛！
2
抖
抖
沒關係，我會負責的！
這樣夠帥了吧……
3
當然，不你負責誰付（錢）！
奶粉錢、教育費……
就算沒結婚，錢你也出定了！
4
啊！
不過兒子的教育不可以交給你，免得又要對女生負責！
好過分！
刺

談戀愛時，若性行為時避孕失敗，或一時疏忽以致懷孕，該怎麼辦？要奉子成婚還是墮胎、出養，成為未婚媽媽？最糟糕的，則是生下後遺棄，或懷孕過程中流產與早產。類似的社會新聞不少，看了令人對懷孕的年輕媽媽與周遭家人的輕忽感到震驚與難過。如下列這則新聞（趙容萱、蔡佳妤，2011）：

真實案例停看聽

國二女生與高中學長偷嚐禁果，前晚在廁所生產；女生的媽媽發現廁所堵塞，從馬桶裡吸出「一坨紅紅的人形物及液體」，嚇得報警，才知女兒未婚產子。女學生說肚子痛上廁所，覺得「有東西」掉到馬桶裡，以為是上大號，不以為意地沖馬桶。

警方追問下，女生承認與高中學長交往，但表示月經正常，不相信自己懷孕。檢警昨天相驗，發現女嬰身長卅五公分，研判約五、六個月，懷疑可能是早產。

女生的母親說，女兒很乖，上下學正常，功課還好，沒有逃家、逃學紀錄，從沒聽說女兒有男朋友。由於女兒身材微胖，所以看不出肚子隆起。女生的爸爸也說，每天接送女兒上下學，「不明白怎麼會這樣」。

檢警表示，女嬰若是生下前已死亡，女生就涉及遺棄屍體罪；但如果是明知女嬰仍有呼吸卻用馬桶沖掉，則涉殺人罪嫌，將剖驗釐清死因，已將女學生、高中學長移送少年法庭。

是否輕率墮胎？

專家推估（陳麗婷，2011），臺灣一年墮胎人次，恐高達五十萬。根據近三年來每年人工流產加上使用墮胎藥的平均人次，一年約廿四萬人次墮胎，還不包括透過地下管道墮胎的個案。

造成墮胎人數居高不下，學者覺得是法令太寬鬆所致。依《優生保健法》第九條：

懷孕婦女經診斷或證明有下列情事之一，得依其自願，施行人工流產：

一、本人或其配偶患有礙優生之遺傳性、傳染性疾病或精神疾病者。

二、本人或其配偶之四親等以內之血親患有礙優生之遺傳性疾病者。

三、有醫學上理由，足以認定懷孕或分娩有招致生命危險或危害身體或精神健康者。

四、有醫學上理由，足以認定胎兒有畸型發育之虞者。

五、因被強制性交、誘姦或與依法不得結婚者相姦而受孕者。

六、因懷孕或生產，將影響其心理健康或家庭生活者。

未婚之未成年人或受監護或輔助宣告之人，依前項規定施行人工流產，應得法定代理人或輔助人之同意。有配偶者，依前項第六款規定施行人工流產，應得配偶之同意。但配偶生死不明或無意識或精神錯亂者，不在此限。

尤其第六款，懷孕婦女覺得懷孕或生產對其心理健康或家庭生活造成影響，就可施行人工流產，此規定被質疑太過寬鬆，恐流於「自由心證」。

尤其對不想結婚的年輕情侶，或還沒準備好迎接新生命的夫妻而言，可能因此輕率地決定墮胎。

二〇〇九年《優生保健法》修正草案，將「有配偶者，依前項第六款規定施行人工流產，應得配偶之同意」改為「只需告知配偶」，但設計了三天的思考期，讓懷孕婦女可以透過專業的輔導諮商，充分考慮是否墮胎。不過，截至二〇一一年底，此法仍未修法完成。

據內政部人口統計資料顯示，臺灣二〇一〇年出生人口僅十六萬六千多，但15至19歲未婚青少女，每年約有五萬人次墮胎。由於青少年性早熟，太輕率地有了性行為，又不懂得避孕，於是多半輕率地決定墮胎。

所以，父母師長不要誤以為教導年輕人如何避孕會助長性氾濫，其實是在教導尊重生命及珍惜生命；否則，這些不懂得負起責任的年輕男女，將來也不會喜歡小孩、不想生小孩，不知如何與小孩相處。

幸福一點靈

1. 依法若覺得懷孕或生產會對其心理健康或家庭生活造成影響，就可施行人工流產，這會使不想結婚的年輕情侶，輕率地決定墮胎。

2. 不要誤以為教導年輕人如何避孕會助長性氾濫，其實這是在教導尊重生命及珍惜生命，使其婚後喜歡小孩，知道如何與小孩相處。

未婚懷孕了該怎麼辦？

未婚懷孕或未成年（依《民法》規定為未滿20歲）懷孕時，處理的方式如下所列：

合法墮胎

似乎最為容易，但依《優生保健法》規定，必須徵得監護人同意。再者，墮胎容易引起併發症及後遺症，墮胎後若沒有專業的心理輔導，恐怕會在心頭留下陰影，並可能重蹈覆轍、一再地懷孕與墮胎。若為非法墮胎，其風險更高，誰來為你負責？

結婚

看似最為圓滿，但在男女雙方心智都不成熟、經濟條件很差，又還在學的情況下，奉兒女之命而結合，不但婚姻品質不佳，將來離婚的比例也非常高。

生下來自己養

不但家人可能不諒解，而且在幾乎沒有經濟能力的情況下，未婚媽媽多半因此輟學。沒有好的學歷，就不易找到穩定及收入較好的工作。於是小媽媽及孩子因貧困而牛衣對泣，女方的家人也因此被「拖累」(當然家人不敢如此表示，以免刺激了未婚媽媽)。至於非婚生子所造成的負面標籤，在孩子逐漸長大的過程中，還有許多難解的習題。然而，這已算是相當負責任的做法。我有位美麗的女大學生未婚生子，並獨力把女兒帶大，歷盡了千辛萬苦。我好心疼她，但更佩服她。她的故事如下：

真實案例停看聽

還記得我的女兒六個月大時，我復學回來讀書，整整一個學期，我像隱形人般上課下課，從不跟同學說話。尤其很難回答：「為什麼休學？」一直到女兒兩歲，我才可以很坦然地說：「我沒有結婚。」因為大家看到我與女兒的合照，都說我不像是當媽媽的人。接下來就會問：所以妳很早婚囉？在我可以說出「我沒有結婚」的同時，才覺得自己重新獲得自由。

我常常覺得，「女兒」是上天賜給我的禮物；如果不是有了她，我可能繼續渾渾噩噩地過日子。表面上看起來，為了女兒我連大學都沒法畢業。但其實，有了她，我才開始認真生活。

起初，的確是為了養女兒才拼命地工作。當然，我不是一開始就想當單親媽媽的，然而，因為希望女兒過得幸福，所以我從重新認識自己到全然接受自己，進而喜歡自己。我想，女兒就算跟著別人，也會活得很好；但，我卻是有了她，才真正地清醒、好好活著。

回大學讀書的日子，我的優先順序是：工作、孩子、學業。只是，在兵荒馬亂、經濟無援中，我樣樣都沒做好。忙著賺錢的我，很快地書也念不下去了。於是我放棄學業，選擇上班和帶小孩，這樣的生活簡單多了。

生下來由他人領養

此法是「不得已」中較為可行的方式；若能因此重新思考、看重生命的價值，對於日後的婚姻與生涯規劃，也是一大轉機。

暫住未婚媽媽之家

這是政府協助未婚媽媽待產，並加以心理輔導的單位，該單位設計了補救教學，讓這些學生媽媽可以帶著小孩繼續上課，避免輟學，盡其所能做一些行政補救。

未婚懷孕時，親朋好友的溫情和鼓勵，是很重要的一環。許多不幸的案件，就是因為這些懷孕少女或未婚媽媽得不到支持，而導致不幸的結果，如棄嬰、殺嬰或自己的身心重創。

台北市女性權益促進會自一九九四年以來，持續進入校園開辦青少女健康專業，提供未婚媽媽個案管理服務。由他們的服務經驗中深切地體會到，青少年非預期懷孕將面臨的許多困難與挑戰。所以二〇〇五年起，他們蒐集、整理協助過的個案，出版《未婚懷孕怎麼辦？》一書。透過「未成年懷孕怎麼辦？」部落格，建立未成年懷孕處理的平臺網絡，將各縣市資源連結起來，與學校老師攜手合作，協助大家更快尋找到協助資源。

如何協助與照顧懷孕的媽媽？

如果最後的決定是把孩子生下來並結婚，則孩子就是男女雙方及家人共同的責任。尤其是年輕的爸爸，更要成熟穩重、提升個人EQ，才能控制自己的情緒，進而安撫懷孕妻子的不安。

若不結婚而要獨自撫養孩子，或是交由別人領養，為了協助及照顧懷孕的未婚媽媽，大家都需要保持好心情，為新生命負起責任。

如果還在學，又要如何處理？為了保護懷孕學生，《性別平等教育法》第十四之一條明文規定：學校應積極維護懷孕學生之受教權，並提供必要之協助（二〇一一年六月廿二日增訂）。

為了營造對懷孕女學生友善的校園環境，教育部在二〇〇五年七月廿八日公布實施「學生懷孕事件輔導與處理要點」，訂立「學校輔導及處理學生懷孕事件注意事項」及「學生懷孕事件輔導與處理流程」，明確規定學校主動積極協助懷孕學生就學權益的職責。學生懷孕期間，因為孕程的身體變化，致精神狀況不佳或身體不舒服，無法到學校上課或跟不上進度時，應視學生需要，結合相關資源，提供懷孕學生多元適性教育，其內容包含：

- 補救教學：協助完成學制內之課程。
- 因懷孕所產生之需求：孕程及產後照護、非預期性懷孕知能、家庭親職教育等。
- 生涯規劃：生涯規劃輔導及技職訓練課程等。

學校應提供懷孕或育有子女學生無障礙學習環境，總務人員應視學生之需求，規劃以下設施：

✪合乎需要之教室安排、課桌椅調整、停車設施、如廁地點等。

✪醫務室設備器材之增購等。

✪提供母乳哺（集）之相關設施，如集奶室、冰箱、哺餵室等。

《性別平等教育法》中明文規定，受教權並非僅「允許懷孕學生在校上課」、「請假彈性規定」。懷孕學生要能有完整的受教權，重點之一是「友善的校園」建立，包括老師與同學的不歧視、彈性安排其考試時間、請假時數、轉校就讀及改善相關硬體設施等相關行政措施。

未滿20歲之懷孕學生，有相關法律保護。若已成年，就只能靠男女雙方好好商議，彼此的家人若能理性參與當然更好。

幸福一點靈

1. 若未婚懷孕，則要告訴自己「孩子」是上天給的禮物，為了孩子，不能再繼續渾渾噩噩地過日子。
2. 若未婚懷孕而決定結婚，孩子出世後，就是男女雙方及家人共同的責任。尤其是年輕的爸爸，更要成熟穩重、提升個人EQ。

愛的練習曲

1. 你周遭是否有人未婚懷孕？她與他是如何處理的？
2. 你曾有同學未婚或婚後懷孕嗎？老師及其他同學的反應如何？
3. 看到新聞報導，有些年輕人竟不知自己懷孕，或偷偷生下孩子後把嬰兒丟棄，你的感想為何？

認識婚前同居與試婚

結婚前，我們先同居吧！我認為一段
試婚兼磨合期，對我們彼此都好……
愛的蜜月期
擔心什麼呢？
我一定會接受你的全部的！
試婚期間
生活能力
零
……我還真沒把握接受
妳的全部……
髒
親愛的，再適應一下就會習慣了啦！

十幾、廿年前，多數人不敢明目張膽地婚前同居或試婚。當時保守的環境裡，萬一「情不自禁」偷嚐禁果，多半會「負起責任」結婚。其實這種沒有準備好的婚姻，可能「弊大於利」。除了之後夫妻（及婆媳）容易爭執、子女疏於管教，導致離婚、單親教養等惡果之外，情感的挫敗也會在心中留下陰影，使日後的婚姻之路難以順遂。

例如，我有個神祕的女大學生，好幾次沒來上課，同學也連絡不上她。才知她是位單親媽媽（同學都不知道），蹺課是為了賺奶粉錢。為了撫養幼兒，她只能終止學生生活，無法為自己完成學業。

她損失的不只是青春、學業與前途，還包括對婚姻與家庭的憧憬以及更好的機會。原本她住進男方家裡待產，是為了之後幸福的家庭（預計產後結婚）。不料，這個願望抵不過太年輕、沒耐性，在雙方都不肯忍耐與讓步之下，終於發生嚴重衝突，女孩控告男方傷害。

女孩帶著男方必須支付每月贍養費的判決結果，以及沒有爸爸的女嬰，黯然離去（兩人未結婚，後來年輕的爸爸也未按時支付贍養費）。經過這次慘痛的情感教訓，她開始懷疑自己的「識人系統」，很怕再遇到「不對的人」。

因為她的缺乏自信，使得後來又誤觸「狼人」（狼心狗肺的人），也錯過了「良人」。

同居與試婚的利與弊

過去，婚前性行為、同居是負面標籤，會影響女性名節，是「不能說的祕密」。而今婚前性行為與同居的情況，比想像中更普遍，不再需要遮掩。「同居」只是事實敘述，沒有情緒或價值的色彩，愈來愈多人能接受情侶間共享生活、財富與性愛。與人同居，對於名譽及後續再交新男（女）友，已不構成太大的殺傷力。

不少人把「同居」視為進入婚姻的必經階段，叫作「試婚」（以「結婚」為前提而住在一起）。本來是希望多些時間相處，才有機會更了解對方，以利將來婚姻生活的相處，並沒有把同居當兒戲。然而同住後才發現，彼此的個性及生活習慣差異太大；若又加上家務的分工等溝通不良，相處就淪為無止境的爭吵。同居的結果是「提前結束」戀情，值得慶幸嗎？

有些人選擇同居則是對婚姻制度的反叛，也就是：「寧可同居，不要結婚。」沒有結婚證書的約束，更能代表對感情的忠實。而且同居可省去婚姻制度中最麻煩的姻親互動，沒有婆媳問題、娘家或婆家的紛爭。但是，一段感情的經營，有可能永遠不跟對方的家人接觸嗎？

乍看起來，如果兩人都對婚姻抱持觀望態度，不想走入愛情的「墳墓」；則同居既能享受屬於夫妻間的快樂，又沒有家庭生活（如子女教養、置產儲蓄等）的煩惱。但這種「盼望」（或奢望）能一直持續嗎？柴米油鹽的日子，不會腐蝕愛情的浪漫嗎？

正因為不是夫妻，若想以同居來綁住或監控對方，在沒有安全感，以及占有慾、疑心病等多重折磨之下，對彼此都是一種窒息。萬一某一天，一方希望以「結婚生子」為相愛的證據，另一方卻不以為然時，該如何走下去？

剛開始同居，想像都十分美好。兩人一起找房子，既可省房租，又可相互照顧。共同買傢俱、布置房間，到大賣場添購生活用品，陶醉在無邊幸福中。逐漸地，當生活花費不能公平合理地分攤，金錢的糾紛可能使情人間怒目相視、反目成仇。分手的時候，又要如何搬走屬於「自己的」物品？這就不僅是尷尬的問題了。

許多人在不清楚彼此未來的目標，不了解雙方期待的家庭生活，缺乏理性的共識之下，就開始同居。其實，若未具備一定的成熟度，「同居」的弊端通常超過自己所能承擔。不僅浪費時間、金錢，白費了感情、心力。更棘手的是，可能造成兩敗俱傷、玉石俱焚。

例如廖輝英的小說《窗口的女人》，結局就比想像的還要悲慘。當同居的對象是已婚者，未婚的第三者因為不甘心，就想用「生兒子」來綁住別人的老公，結果卻在懷孕八個月時跌倒流產。元配因氣憤老公的欺騙，於是故意騎機車撞向貨車而自殺身亡，留下兩個不到10歲的女兒，日後如何面對逼死媽媽的爸爸？元配死後，老公還可能與第三者雙宿雙飛嗎？

過去，成家、立業、生子有一定的順序。如今，結婚不再是親密關係的必要及唯一結局。同居後發現不合而分手，比離婚簡單得多。正因為如此，愛情更為脆弱、沒有保障。

大學生選擇同居更非明智之舉，認識不久就搬進對方住處或一起找住的地方。剛開始雙方都想照顧對方，但很快地，忙碌及多彩多姿的大學生活，就使愛情的甜蜜與牽掛變成沉重的負擔或牽絆。萬一懷孕了，因為還沒有「資格」（經濟條件及教養能力）結婚，就可能草率地墮胎。即使「奉子結婚」，仍是勉強、殘缺的結合。現實的壓力，變成爭執不斷的背景因素，造成離婚、單親教養的可能性極高。所以，大學生還是不要輕易嘗試同居，這樣對彼此的感情發展較為有利，也可避免不必要的悲劇。

即使在觀念開放的今日，父母對於兒女的情感關係，仍可能感到無所適從。如果男（女）朋友留宿家中，甚至想搬進來住，合適嗎？若父母堅決反對，仍堅持與男（女）朋友搬出去住，好嗎？因為父母的觀念保守，所以不讓父母知道自己正和男（女）朋友同居，這樣的做法妥當嗎？萬一懷孕了，找誰求助呢？

幸福一點靈

1. 若想以「同居」來綁住對方或監控對方，在沒有安全感，以及占有慾、疑心病等多重折磨之下，這樣的愛情令人窒息。
2. 若未具備一定的成熟度（精神及經濟），「同居」的弊端通常超過自己所能承擔。

情慾可以抗拒嗎？

從前常說，男人是下半身思考的動物，如影星成龍的名言：「我犯了天下男人都會犯的錯。」但這並不「絕對正確」，因為性別平等的時代，各種性別的人都應肯定自我追求情慾的權利；但同樣地，也都要為此付出代價或承擔後果。

因此，在更深入的身體接觸之前，要「多留一點時間思考」：你能否承擔可能發生的結果？你是否可能正介入著別人的愛情甚至婚姻？你確定自己真的愛他或他真的愛你嗎？你們的關係能不能公開？會否對不起原本的男（女）朋友？要如何處理眼前的情感關係……。

如果你覺得是對方引誘你、哄騙你、強迫你，更要「多留一點時間思考」，在來得及的時候脫身，如：不要跟他單獨相處，不要去他的住處或較偏遠的地方，不要進他的房間，不要坐到他的床上等。對了！還有一個重點，不要喝酒或其他「來路不明」的飲料。總之，不要讓自己「身陷險境」，以免「後患無窮」。

我們要「學習」尊重自己與對方的身體，要「確信」每個人對自己的身體有自主權，不能強迫別人，也不能任由別人做令自己不舒服的事。不能以酒精、藥物或暴力，侵犯別人的身體。即使以愛之名，這仍是犯罪的行為。以欺騙、強迫方式得到的愛，頂多是占有對方的身體，得不到對方的真心。

如果以為「占有對方身體，等於得到他的人」或「我給了他，我就是他的人」，這種性與愛的迷思，會耽誤自己一輩子的幸福。性不等於愛，性的強暴更不等於真愛。當你想要分手，他卻以散布性愛相片威脅，不准你離開或向你強索高額分手費時，就悔不當初了。

有人年輕時不懂事，不顧家人反對，一心只想跟所愛的人「在一起」。天真地以為，這樣就能天長地久。不料卻發現，對方竟同時跟別人有性愛關係。面對要不要分手而困擾萬分時，發現懷孕，就奢望以此「抓住對方」；

但不久還是發現，即使結了婚，因為彼此不夠了解與關心，心靈的親密及默契感不足，仍無法獲得真正的幸福。

所以，為了避免「傻傻分不清楚」，在「這並不是愛情」中受到重傷，在教育部的規劃中，國民教育階段需要學會下列事項：

- 認識不同性別者身心的異同。
- 認識自己的身體隱私權。
- 尊重自己與他人的身體自主權。
- 釐清性與愛的迷思。
- 學習處理與不同性別者的情感關係。
- 善用各種資源與方法，維護自己的身體自主權。
- 認識安全性行為並保護自己。

幸福一點靈

1. 除了尊重他人的身體自主權，更應善用各種資源與方法，維護自己的身體自主權。

2. 釐清性與愛的迷思，認識安全性行為，才能保護自己。

愛的練習曲

1. 「有機會」婚前同居前，先好好分析其利弊得失。
2. 「有機會」嘗試婚前性行為前，先好好分析其利弊得失。
3. 觀察自己及他人，有多少人對性與愛的關係「傻傻分不清楚」？

戀愛教室Q&A

Q：那天她邀我到她家，她的家人都不在，她的裙子穿得很短，總之，我們自然就發生了關係。之後，我有些後悔，我並不真想做那件事；可是，我覺得還是該負起責任。於是，我們在一起了。雖然我們的相處不算和諧，她也常提分手（其實我也想分手）……，心中隱隱約約有些擔心，我們走得下去嗎？

A：因為進展太快，以致還沒準備好，就已發生親密關係。之後，就有了微妙的感受，似乎不夠相愛；甚至有時浮現「出於責任感，才維繫著彼此關係」的念頭。責任感是愛嗎？以愛情三角形理論來說，只有責任感的愛是空洞的愛，所以不圓滿，很難維持長久。因此要加強彼此的心靈親密（而非只是身體的親密）。如果雙方在觀念上有很大的落差，溝通上也有頗大的障礙，那麼是否有必要為了責任感而耽誤彼此的幸福，就要慎重考慮了。

第五篇

因為我是你的「家後」？

性別平等與幸福婚姻

1
我們家跟其他家庭有些不一樣
一般家庭都是媽媽煮菜、做家事比較多。
2
我們家則是輪流做，但是爸爸煮的比較好吃，所以幾乎都是他在煮。
去洗手準備吃飯囉！
父
3
媽媽則是工作得比較晚，所以平常爸爸也會分擔家事。
我回來囉！
母
父
回來啦！
4
雖然有人說我們家「反」了，
但這就是我最喜歡的分工互助的家。

二〇〇七年七月，有一則頗有意思的社會新聞：

真實案例停看聽

彰化縣某國小有一對教師夫婦，一起報考嘉義大學國民教育研究所博士班。結果，太太考上榜首，丈夫則為備取第一名。女老師決定放棄報到，讓老公能遞補進入，她明年再重考。嘉大的教授說，他倆真是夫妻情深，這段佳話必在嘉大校園流傳。

婚姻中，性別平等嗎？

如果角色互換，老公是否也會這麼做、願意讓賢給妻子？其他類似「女高男低」的反斜坡現象（原「婚姻斜坡」為「男高女低」），結局又如何？例如，夫妻原本是同事，若太太升級，成了丈夫的頂頭上司，會否影響夫妻感情？曾有妻子成為先生的主管後，感情就出現了裂痕。一方面太太的工作負擔變重，無法多照顧家庭；另方面則是老公被其他男同事調侃「夫以妻為貴」，傷了男性自尊。回到家之後，便把怨懟發洩在太太身上。最後，妻子只好向公司請調，夫妻不要在同一單位。幸好不久丈夫也升職了，這才恢復以前的夫妻情感。

有不少教授夫妻檔，如果在同一所大學任教，妻子的才華略勝丈夫一籌時，即會猶豫：是否要壓抑自己的光芒，讓丈夫在論文發表上先有表現？是否等丈夫升上教授之後，自己再升等呢？

以學歷來說，如果妻子是博士，丈夫是碩士，這樣的組合會不會出現問題呢（反之好像比較沒問題）？若太太的收入比較高，先生會否覺得自尊受損？

現代女性的教育程度、勞動參與率漸和男性相當，對婚姻的期待也與男性有了落差。若家務大都落在女性頭上，在工作與家務「蠟燭兩頭燒」的情況下，生活品質勢必比未婚差很多，因而讓女性不禁懷疑「為什麼要結婚？」女人能自己賺錢、開車、修電器、理財，就希望男性有品味、注重情調。然而至今仍有不少男性，既希望妻子出外就業以分擔家計，又認為家務（包括子女教養）是太太的責任。先生只要幫忙倒一下垃圾、換一下尿布，就算是新好男人。

婚姻是避風港，還是枷鎖？女性希望戀愛及婚姻中，不失個人空間與獨立自主性；能發展自我，兼顧工作、個人嗜好及人際關係；不必什麼事都要兩個人一起做。即使工作地點距離很近，也可各自行動。這卻令某些男性懷疑「妳為什麼要結婚？」認為女人婚後就應該繞著丈夫、兒女打轉，哪個「好女人」會想到自己？

日本女作家酒井順子出版《敗犬的遠吠》一書，探討日本未婚女性的生活。認為年過30的未婚女性，無論事業多成功，只要未婚，就是人生戰場上的敗犬。然而，有愈來愈多外表光鮮亮麗、職場意氣風發的女性，並不急著踏入婚姻，相當享受單身生活。國內偶像劇《敗犬女王》，就是描述這種時代新女性的心情。敗犬女王包括下列十項特質（許韶芹，2008）：

- 女人婚後生活無虞，仍要工作，才不會變成愚婦和社會脫節。
- 一個人逛街、吃飯、看電影也沒關係。
- 極端厭惡大男人主義。

✪有時羨慕年輕人，認為自己青春不再。

✪放假都一個人，但會找事情打發時間。

✪朋友寄來的紅色炸彈愈來愈多，但自己的遙遙無期。

✪不會對男生撒嬌，什麼都要自己來。

✪和男友吵架或失戀，第二天仍會美美地準時上班。

✪下班時間會想辦法去進修，拓展交友圈。

✪工作過於投入，直到看到時鐘才驚覺「已經這麼晚了」。

幸福一點靈

1. 若家務還落在女性頭上，在工作與家務「蠟燭兩頭燒」的情況下，生活品質勢必比未婚差很多，使不少現代女性不禁懷疑「為什麼要結婚？」
2. 愈來愈多外表光鮮亮麗、職場意氣風發的現代女性，並不急著踏入婚姻，相當享受單身生活。所以男性也應調整對婚姻的期待，以免女性「拒婚」。

性別平等，從小開始學習

二〇一一年，依主計處「婦女婚育與就業調查」統計（每五年一次），臺灣15歲以上的女性為九百六十八萬兩千人，未婚有三百零一萬三千人，占31.1%，比五年前增加0.5%。各年齡組女性的未婚率，都比五年前提高。其中以25到29歲年齡層的增幅最大，增加9.2%。30到34歲年齡層未婚的比率，也比五年前成長6.4%。

在工作與家務方面，31.2%的婦女為了結婚而離職，之後再復職的比率為44.7%，還不到一半。婚後花費在操持家務的時間，每日平均四點三小時（做家事花費二點七小時，其次是照顧小孩約一點四小時）。

至今，性別平等還不能落實於婚姻之中，所以，現代女性愈來愈不想結婚及生育。若能從小學習性別平等，兩性在事業、家務及照顧子女上，都能公平地發展及自然地參與，應能改善我國日益嚴重的低生育率問題。否則女性一旦擁有高學歷或高勞動力，就有可能被迫接受傳統的性別角色及責任，而且不允許表達個人感受，甚至限制言語與身體自由。試想，沒有快樂的婦女，怎會有快樂的母親？

即使男方有不錯的收入，希望女性婚後辭去工作，當個專職家庭主婦；但愛情的力量真可讓女人放棄自己的夢想，甘願洗手做羹湯、相夫教子嗎？願意這麼做的女人，就必須不斷催眠自己或真正相信：「擁有幸福的家庭，才是人生最大的夢想，一切的犧牲都很值得！」

婚姻生活中，「男主外，女主內」的傳統分工，隨著社會變遷，已遭到巨大的考驗。雙薪家庭中，「家事仍是女人的事」這個觀念已不符合現代社會的需求。家事應該是大家的事，夫妻雙方達成共識、分工恰當，才有真正的幸福。所以，教育上應更加強下列各項：

- 辨識性別特質的刻板化對個人的影響。
- 了解生涯規劃可以突破性別的限制。
- 辨識性別角色的刻板化印象。
- 學習與不同性別者平等互動。
- 表達自己的意見和感受，不受性別的限制。
- 了解家庭中的分工，不應受性別的限制。

- 學習在性別互動中，展現自我的特色。
- 分析現今社會問題與刻板的性別角色關係。
- 思考傳統性別角色對個人學習與發展的影響。
- 分析性別平等的分工方式對於個人發展的影響。
- 釐清婚姻中的性別權力關係。
- 探究社會建構下，性別歧視與偏見所造成的困境。
- 反思社會環境中，性別關係的權力結構。
- 探究多元文化社會中的性別歧視，並尋求改善策略。

幸福一點靈

1. 對於事業、家務及照顧子女，兩性若都能公平地發展及自然地參與，應能改善我國日益嚴重的低生育率問題。
2. 家事應該是家人共同的事，夫妻雙方達成共識、分工恰當，才能擁有真正的幸福。

愛的練習曲

1. 觀察自己及他人，對於「女高男低」的「反婚姻斜坡」現象有何看法？
2. 不論性別，你擅長做家事嗎？你喜歡照顧小孩嗎？
3. 你自己及周遭朋友若不想結婚及生育，主要原因為何？

婚前協議要不要？

我覺得婚後我們還是保有各自的財產會比較好。
認真！
咦！錢不是全家的嗎？那讓我保管就好啦，讓我照顧妳吧！
那你有了錢想做什麼？
當然是換車，還有買新的球具、筆電……
都是自己想要的……
還是全部交給我算了，免得這個家垮掉……
女生掌錢確定？
別這樣嘛！剛才我只是開玩笑的啦！

家務如何分配？金錢如何支配？子女如何教養？這些事情應在結婚之前討論，並不會自然形成共識。

婚前協議的法律效用

不但要討論，而且要形諸文字以為證據。這種婚前協議，有法律效用嗎？一對外交官夫婦即為了婚前協議而對簿公堂（蘇位榮、陳世昌，2010）：

真實案例停看聽

我駐日外交官郭仲熙婚後與妻子訂定「婚姻誓約書」，約定奇數月薪水給妻子，偶數月給自己，生活費由男方負擔。郭事後認為是不平等條約，拒絕付錢。最高法院判決郭仲熙必須履約，支付六百卅八萬多元確定。郭仲熙與妻子感情不睦，雙方又打離婚官司，最高法院認為兩人已無復合的可能，判准離婚。

法院認為，郭和前妻簽下婚姻誓約書，屬於《民法》的「家庭生活費用」約定，並沒有違反公序良俗。郭雖然聲稱家庭生活費用由他一人支付並不公平，但依「契約自由」原則，郭既然在誓約書上簽字，就應依約履行。

由此案例可見，婚前協議具備法律效力。因此，婚前要先想好，哪些事情可能構成婚後的「紛爭」，應該先行「溝通」。為避免「口說無憑」，約定事項要以協議書的形式呈現。下列現代婦女基金會編製的「婚姻契約」就非常完整，是我在情愛溝通課程中的「關鍵作業」：

婚　姻　契　約

茲因立約人＿＿＿＿、＿＿＿＿情投意合，於簽訂本契約前完成婚前教育課程及婚前健康檢查，爰訂於＿＿年＿＿月＿＿日辦理結婚登記，締結良緣，並本於互信、互敬、互愛、互諒及共創和諧家庭、美滿婚姻之共識下，互為下列約定：

一、夫妻冠姓

立約人同意婚後□保有本姓

□夫冠以妻之姓

□妻冠以夫之姓

二、夫妻住所

立約人同意婚後之夫妻住所地為＿＿＿，

如日後有變更住所之必要時，雙方願本於平等原則，另行協議。

三、夫妻財產制

㈠立約人同意婚後之夫妻財產制適用：

□男方本國法

□女方本國法

□＿＿＿住居所地法

㈡立約人同意婚後之夫妻財產制為：

□法定財產制，由夫妻各自管理、使用、收益、處分自己名下財產；

於法定財產制消滅時，有夫妻剩餘財產分配請求權。

□約定財產制：

□分別財產制，結人不結財。

□一般共同財產制、財產管理權由＿＿＿＿任之。

□所得共同財產制、財產管理權由＿＿＿＿任之。

立約人並同意於婚後就約定財產制前往管轄法院登記處辦理登記並公告，以生對抗第三人之效力。

㈢除上開約定外，雙方同意於有關夫妻財產制之其他約定如下：

1. 就夫名下財產

□買賣價金＿＿＿＿元整

□所為貸款＿＿＿＿元整

□裝修費用＿＿＿＿元整

□不另為請求，視為贈與。

□得於＿＿＿＿＿＿時償還。

2.就妻名下財產

□買賣價金＿＿＿＿元整

□所為貸款＿＿＿＿元整

□裝修費用＿＿＿＿元整

□不另為請求，視為贈與。

□得於＿＿＿＿時償還。

3.就□夫□妻家人所為之代償行為

□不另為請求，視為贈與。

□得於＿＿＿＿時償還。

4.就□夫□妻家人所為之代償行為

□不另為請求，視為贈與。

□得於＿＿＿＿時償還。

四、家務分工

下列家務事項，立約人雙方同意共同分工並互相協助。

(一)採買日常用品 (二)煮飯 (三)洗碗

(四)倒垃圾 (五)清潔、整理家務 (六)房屋之修繕

(七)餵乳 (八)換尿布 (九)接送子女上下學

(十)寵物飼養 (十一)其他＿＿＿＿＿＿

五、家庭生活費

立約人同意婚後因日常生活中食、衣、住、行、育、樂、醫療、保險所生費用及子女扶養費由：

□夫負擔全部。

□妻負擔全部。

□夫妻雙方各分擔二分之一。

□夫妻雙方依經濟能力及家事勞務狀況比例分擔，夫負擔＿＿＿＿，妻負擔＿＿＿＿。

□其他：＿＿＿＿＿＿

前開款項應於每月五日前直接匯入＿＿＿＿銀行，帳號＿＿＿＿。

每月每人之家庭費用不得低於當地平均國民消費支出或新臺幣＿＿＿＿元（每年按物價指數調整）。

如因任一方婚後經濟狀況顯著變更者，得另行協議。

六、自由處分金（零用金）

立約人同意婚後除前開家庭生活費外，由：

□夫每月提供新臺幣＿＿＿＿元供妻自由處分。

□妻每月提供新臺幣＿＿＿＿元供夫自由處分。

如因任一方婚後經濟狀況顯著變更者，得按比例增減自由處分金，並得另行協議。

前開款項每月五日前直接匯入＿＿＿＿，銀行帳號＿＿＿＿。

七、子女姓氏

立約人同意雙方所生第一名子女從□父姓 □母姓

第二名子女從□父姓 □母姓

第三名子女從□父姓 □母姓

八、立約人承諾婚後所生子女權利義務之行使及負擔由雙方共同任之，雙方同意遵守下列之行為：

㈠不得不當體罰、虐待、傷害或操控子女。

㈡保證提供子女健全穩定之生活環境。

㈢不得唆使子女從事危害健康、危險性工作或欺騙。

㈣不得遺棄子女。

㈤不得供應子女觀看、閱讀、聽聞或使用有礙身心之電影片、錄影節目帶、照片、出版品、器物或設施。

㈥不得剝奪或妨礙子女接受國民教育之機會或非法移送兒童至國外就學。

㈦不得強迫、引誘、容留、容認、或媒介子女為猥褻行為或姦淫。

㈧不得供應子女毒藥、毒品、麻醉藥品、刀械、槍砲、彈藥或其他危險物品。

㈨不得利用子女攝製猥褻或暴力之影片、圖片。

(十)不得帶領或誘使子女進入有礙其身心健康之場所。
(十一)不得為其他對子女或利用子女犯罪或為不正當之行為。
如夫妻對子女權利義務之行使及負擔有不一致之情形，願本於子女最大利益原則協議之。

九、立約人因移民、職業或就學而分居兩地者，在子女最佳利益考量情形下，關於未成年子女之權利義務行使或負擔得授權一方單獨決定之。

十、立約人承諾婚後互負貞操、忠誠義務，如有違反，應給付他方懲罰性違約金＿＿＿＿元整，並視同他方有不履行同居義務之正當理由，得攜子女外出住宿，直至立約人改善為止。

十一、立約人承諾婚後絕對不發生家庭暴力，如有違反，應給付他方懲罰性違約金＿＿＿＿元整，並視同他方有不履行同居義務之正當理由，得攜子女外出住宿，直至立約人改善為止。

十二、婚後如遇有難以溝通之情形，雙方願意接受婚姻諮商。

十三、立約人就下列事項已盡告知義務：

□前曾有婚姻關係

□前曾有子女

□需與其他家庭成員同住，成員有：＿＿＿＿

□前曾有勒戒、前科紀錄

□前曾有或現罹患重大疾病（例如：精神疾病、不能人道……）：

＿＿＿＿

□負債與財產狀況＿＿＿＿

□其他：＿＿＿＿

十四、特約事項

□戒除不良習慣：酗酒、吸毒、賭博……

□其他：＿＿＿＿

十五、本證書如有未盡事項，雙方同意悉依性別平等，理性和平，互相尊重原則處理。

立約人：
甲　方：
身分證字號：
戶　籍　地：
乙　方：
身分證字號：
戶　籍　地：
中華民國　　年　　月　　日

你可能懷疑，協議中出軌或家暴的「罰金」若訂為「一億」，真的具有法律效力嗎？看看以下這則社會新聞（何祥裕，2008）：

真實案例停看聽 50

多歲的曹姓富商，兩年前娶了30幾歲的歐姓酒店小姐；歐女要他簽署一張「億元契約」，約定未來若出軌要賠一億元。沒想到婚後四個月，曹姓商人就破戒被抓，歐女依契約求償四千五百萬元，法官判決他要賠一百五十萬元。

歐女的律師表示，雖然法院只判賠一百五十萬，但雙方還有許多訴訟待進行，包括認可收養、撤銷贈與等，目前雙方正在談和解事宜。據悉，全案開庭時，曹曾開出願以一千五百萬元「解決所有問題」，或以一百五十萬元解決「本案」的條件，但和解不成。

曹姓商人主張該切結書無效，他與歐女僅是同居關係，且切結書是歐女逼他簽的，內容限制他的「婚姻自由」與「性行為自由」，因此契約無效。法官審理後認為，切結書中清楚明訂丈夫不可違反事項，內容並無違背善良風俗等，因此契約有效。不過一億元賠償金實在過苛，法官根據一般「市場行情」，最後判決曹必須賠償歐女一百五十萬元。

幸福一點靈

1. 婚前就要想好，哪些事情可能構成婚後的「紛爭」，應該先行「溝通」。為避免「口說無憑」，約定事項要以協議書的形式呈現。
2. 婚後互負貞操、忠誠義務，絕對不可有家庭暴力行為（即身體上或精神上不法侵害行為）。若擔心對方違背，可形諸文字，列入婚前協議書內。

婚前的理性溝通

每次我要學生找男（女）朋友一起填寫這份「婚姻契約」時，都要提醒他們別把愛情當神話，以為真愛可以戰勝一切。所以必須在婚前面對生活的現實面，如：夫妻冠姓、夫妻住所、夫妻財產制、家務分工、家庭生活費、子女姓氏等。他們當下也許覺得某些項目不必要、不可能，或不知道為什麼要約定，但其實那些事項反而更為重要。如：

✪自由處分金（零用金）：否則某方收入太少、沒有收入或失業時，就可能面臨經濟困窘而在家中地位低落，或無法支付自己生活所需的困境。

✪對子女權利義務的承諾：若不先講清楚，一旦配偶對子女有「不可理喻」的行為時，不僅構成夫妻教養子女的爭執，更會傷害子女的身心健康。

✪互負貞操、忠誠義務：若違反這部分，可訂定一筆數額較高的「罰金」，至少在分居或離婚後有實質的助益。

✪家庭暴力：違反時，訂定一筆數額較高的「罰金」，意義與前項相同。

✪婚姻諮商：否則日後夫妻溝通不良時，會變成「家醜不可外揚」，而使某一方深陷痛苦甚至是險境。

✪就下列事項盡告知義務，包括：前曾有婚姻關係、前曾有子女、需與其他家庭成員同住、前曾有勒戒或前科紀錄、前曾有或現罹患重大疾病（精神疾病、不能人道）等。這些事項都會嚴重影響日後的婚姻生活，應該先告訴對方，讓對方決定是否可以接受，而不是事後「被迫」接受。

✪特約事項：趁著婚前講清楚，希望對方改善哪些不良習慣。除前述之外，其他如：愛開快車、非理性購物、愛生悶氣等；看看對方願否改善，作為彼此感情的考驗。不要自以為有能力改變對方，以致日後爭執不斷。

其實，重點不在懲罰對方或拿到多少錢，而是藉此機會「溝通」彼此的婚姻觀念與對家庭的經營（核心概念為「性別平等」）。其他還有不少需要婚前「理性討論」的地方，具體整理如下（王萬清）：

- 個人工作收入的二分之一提撥家用，由夫妻議定一人管理，除固定開銷之外，若有家具購置、娛樂、應酬等支出，需經雙方討論後支用。
- 不動產的登記與買賣，應由雙方共同決定及承擔。
- 家庭例行的事務，由雙方協調共同分擔責任。
- 有關是否生養子女及子女數的問題，應由雙方共同決定。
- 子女教養工作要共同參與，若與上一代觀念不合，夫妻各自與其父母溝通。
- 在子女的面前不要表現非理性的爭吵，以免影響子女的身心健康。
- 雙方如有衝突，要積極面對並解決問題，不得動手、不得有隔夜氣、不得採取冷戰策略，更不得隨意提出離婚的要求。
- 雙方皆有行動自由，惟出門在外需讓對方知道行蹤，除特殊情形外，返家時間不超過夜間十一點。

✪每天都要有卅至六十分鐘的家庭茶敘時間。

✪有關雙方及家人的重要紀念日，要辦家庭聚會。

✪夫妻各自擁有發展事業的空間，要做好生涯規劃，輪流安排進修時間。

✪寵物的飼養要經過雙方同意。

✪雙方都要有奉養父母的義務，另一方不得有異議。若父母生病，雙方要共同負擔照顧責任。

✪每年都要定期做健康檢查。

✪婚後若不跟父母住，要選擇居住在父母附近，每月定期返家省親。

✪每年定期規劃國內或國外旅遊一星期。

✪雙方要各自投保，並以對方為受益人。

✪雙方離婚要理性處理，不可口出惡言，要兼顧子女撫育和關愛。

幸福一點靈

1. 不要把愛情當神話，以為真愛可以戰勝一切，婚前就須面對生活的現實面。
2. 雙方如有衝突，要積極面對並解決，不得動手、不得有隔夜氣、不得採取冷戰策略，更不得隨意提要離婚。

愛的練習曲

1. 找你的伴侶（或朋友）練習填寫「婚前協議」，進行得順利嗎？為什麼？
2. 建議你的朋友填寫婚前協議，打聽一下他們的填寫過程，順利嗎？為什麼？
3. 據你的觀察，佳偶變怨偶，與未填寫「婚前協議」有否關聯？

婆家就是妳家？

真是的，都工作到這麼晚才回家！飯做好了沒？
婆
槓溝
婆婆的觀念總是很守舊，怎麼辦呢，得想想辦法……
1
每天都這樣妳還要不要顧家啊？
婆
變臉
燦笑
轉身
對不起，因為最近學生出了點狀況……
2
但妳自己的兒子也很皮啊！當老師的不是應該先把他教好嗎？
婆
子
這樣啊，但我的學生中會調皮搗蛋的，多半是因為家庭狀況比較不和諧，所以可以請您溫和點指導我嗎？
3
這個嘛……
啊算了，那我就不跟妳大小聲了……
還好她每次都會敗在孫子的話題上。
4

中國式婚姻不是兩個人的事，婆家與娘家會共同參與，而且婚前就開始了。在孝道及傳統婚姻習俗的壓力下，常令人內心交戰，有時忍不住會發生衝突。

婆媳問題何其多

婚後，若婆婆希望妳放棄理想的工作，回來幫忙夫家的生意，妳會怎麼做？一位辦公室的粉領族，被婆婆要求辭去工作，與先生一起在市場擺攤。除了不太適應粗重的工作外，也不再有機會出遠門度假。懷孕時想多休息，卻被婆婆以人手不足而要求忍耐。而且不管怎麼做，婆婆仍然不滿意，怎麼辦？

有些「媽寶型」的男人，沒有獨立自主的能力；從小到大都不用做家事，衣服只會丟到洗衣機、垃圾不會分類、不會洗碗，唯一會的只有煮泡麵。若沒有母親，就無法做任何決定。包括：要穿怎樣的衣服、要找怎樣的工作、要去哪裡找房子、要娶怎樣的老婆，都要媽媽同意才敢行動。媽寶型男人的口頭禪是「我媽說……」，媽媽的一句話，就改變他的人生規劃。

當婆婆與先生的感情太緊密時，該怎麼辦？

如果婆媳同住，婆婆看不慣媳婦的態度及生活習慣，如不尊重長輩、上班時間不固定、生活作息不規律（上網、看韓劇至凌晨才上床，睡到下午三點才起床）、不做飯（還要婆婆「伺候」）。婆婆氣媳婦把「家族觀念」、「媳婦本分」等，全當成耳邊風。更氣媳婦不尊重婆婆，卻又賴著不搬走（因為租房子要花錢）。

有些婆婆心疼兒子為了照顧兒女、賺錢養家而日夜辛苦，於是一廂情願地住進他們的小家庭或搬到附近，幫忙帶小孩、做家事，好讓媳婦進入職場賺錢貼補家用。然而媳婦不一定想出去工作，加上隔代教養的衝突，弄得年輕夫妻經常吵架，最後離婚收場。

有些婆婆非常在意媳婦會不會做菜、會不會照顧她的寶貝兒子、孫子；只要不合她的意，就不斷挑剔，甚至不留情面。萬一媳婦婚前就不會做家事，也不想做家事；婚後卻被迫承擔大多數的家務（家中其他男性甚至小姑，都不必做家事），心情該怎麼調適？

有些婆婆不喜歡媳婦的學歷比兒子高，更忌諱鄰居稱讚媳婦的工作表現（例如有好的職業、高收入、擔任主管等）；好像比老公強，就是媳婦的錯。如果為了工作而無法好好照顧丈夫、小孩及婆家的人，更會遭到婆婆指正，甚至希望媳婦放棄工作，認為「好女人就該相夫教子，不該有事業的野心」。

當然，絕大多數的婆婆，都覺得自己對媳婦很好；絕大多數的媳婦，也無意把自己變成壞媳婦。然而，人性的弱點使得相處很難沒有問題。問題如何解決，就看誰肯多反省、多學習溝通囉！順便提醒：

- 婚前就要開始了解未來的公婆，建立正向的關係。
- 婆媳畢竟不是母女，要「有點黏又不會太黏」，保持適度的距離，表現應有的禮貌。

幸福一點靈

1. 有些婆婆非常在意媳婦會不會做菜、會不會照顧她的寶貝兒子、孫子；只要不合她的意，就不斷挑剔，甚至不留情面。遇到這樣的婆婆，女性應如何有效應對？

2. 婚前就不會做家事也不想做家事，婚後進入夫家卻被迫承擔大多數的家務時，心情該怎麼有效調適？

一邊是婆家，一邊是娘家

中國式婚姻，即使不跟長輩住在一起，仍不免有婆家、娘家的相處問題。至今，大多是婆家占上風，這又造成年輕夫妻的另一爭端。

「婚後住哪裡」是婚前一定要好好溝通的事，否則可能引起嚴重衝突。有時小夫妻講好了要跟公婆分開住，但若公婆有意見，認為還是住在一起比較好，該怎麼辦？最初男方給女方的承諾——搬出去住，若做不到時該如何是好？

「忍一時風平浪靜」，為了顧全大局，這時不妨先退一步，未來才有機會再進一步。如果想不開，搞不好就會佳偶變怨偶，實在令人惋惜！但若男方完全不尊重你的想法，逕行決定婚後要跟公婆、小叔、小姑等同住，妳也許應該考慮，這個婚還要結嗎？類似的是，丈夫可否擅自作主，將年邁或生病的父母接來家中，甚至於要求妻子辭去工作，回家孝順與照顧公婆呢？

每逢過年，要在哪裡吃年夜飯？按傳統習俗是到夫家與長輩團圓，年初二才能回娘家。然而，有些媳婦對於去夫家有不愉快的經驗，每次總是百般推諉，即便回去也急著離開。過年回老家團圓，更會激起一場激烈的爭吵；一過除夕夜，大年初一太太就急著回娘家，使丈夫夾在太太與父母中間，非常為難與疲憊。忍不住埋怨太太，人雖然嫁過來，心卻沒有嫁過來。然而太太也十分委屈，難道只有夫家是家，娘家就不是家嗎？

不少已婚女性表示：「我想回娘家吃年夜飯。」女性若想挑戰傳統習俗，配偶能否力挺就是實現心願的重要助力。臺灣已婚男性的觀念愈來愈進步，傳統上以夫家為主的年節規範已經鬆動。愈來愈多男性願意在除夕夜陪太太回娘家團圓，思想開放的程度與學歷成正比。以目前的狀況來說，年輕夫妻的父母輩多半受到「嫁出去的女兒，潑出去的水」的傳統約束（他們的長輩更加傳統），所以，要挑戰他們的觀念，還需要耐心與理性的溝通。

幸福一點靈

1.「婚後住哪裡」是婚前一定要好好溝通的事，否則之後會引起嚴重的衝突。

2.女性若想挑戰傳統習俗，配偶是否力挺就是實現心願的重要助力。所以，性別平等不僅要靠女性極力爭取，更要男性全力相挺。

愛的練習曲

1.你周遭有否婆媳問題，包括你的母親與你的奶奶之間？

2.你（妳）將來打算怎麼處理婆家、娘家之間的衝突？

3.據你觀察，婚姻中有哪些習俗不符合性別平等？

事業與家庭不可兼得？

1
職場上
同事
妳的小女兒真可愛呢！
謝謝！
2
還好公司可以提供育兒環境讓我帶小孩。
但妳家不是還有個小嬰兒嗎？沒帶來？
3
不讓自己吃虧的女性
小兒子啊……
現在正由我先生請育嬰假帶著呢！
4
瑞典式爸爸
兒子乖。不要哭，現在是爸爸照顧你，
媽媽下班後就回來囉！

二〇一〇年十二月，網球名將盧彥勳結婚了，他感性地說：「妻子為了讓我好好比賽，居然睡在地上。」因為旅館的床很小，陪伴盧彥勳去比賽的妻子，為了讓他有充分的睡眠，甘願「打地鋪」。她在婚禮上說：「彥勳這些年出國比賽，都想辦法告訴我他在哪裡，我很感動。」如果網球名將是女性，男性也能一樣地為愛犧牲而睡地板嗎？若她經常出國比賽，只需告訴先生她在哪裡，男性就能覺得自己很幸福嗎？

女性婚後一樣可以追求夢想

從前，我的學生常說我「很女權」，因為我總強調「先做人，再做女人」，否則一切生涯規劃都是空談。若男性認為女性婚後不應追求自我目標，女人也自限於這類性別刻板印象時，就只有「犧牲奉獻」到老了，如下面這首歌：

問

如果女人，總是等到夜深，無悔付出青春，他就會對你真。
是否女人，永遠不要多問，她最好永遠天真，為她所愛的人。

演唱：陳淑樺
作詞：李宗盛

每逢有人讚賞〈家後〉（臺語的「妻子」）這首歌，我都不表同意。因為這是「夫唱婦隨」的傳統觀念，彷彿妻子的角色就是陪著老公、讚美老公、毫無怨言、以夫為天；甚至情願「老公先死」，因為不捨得老公為自己流淚。

家後

演唱：江蕙
作詞：鄭進一

阮的一生獻乎恁兜，才知幸福是吵吵鬧鬧。

等待返去的時陣若到，我會讓你先走，因為我會噯甘，放你為我目屎流。

我讀博士班時，先生是職業軍人，週末才能回家，婆婆與我同住。當時因為我難以兼顧課業與照顧幼兒，婆婆要先生勸我休學。為此我們夫妻起了爭執，講不下去就互相嘔氣、悶不吭聲。於是我決定以書信的方式溝通：

親愛的「夫君」：

昨晚你說的都沒錯，都是傳統上正確的觀點；但我多麼希望你與眾不同，能有突破傳統的見解。

我認為愛一個人，就該使他（她）的潛能得以發揮。你的成就我會深以為榮，你的計畫我會全力支持，你的事情就像我的事情；你要創業，我就是你不支薪、全天工作、絕對服從的員工。對於我，你也願付出同樣的愛嗎？

一個幸福的家庭必須大家都在成長、互相幫助，每個人都得到自我實現。我認為自己有學識、有能力，才能幫助我夫、我子成功。否則，你們只有一個傻太太、笨媽媽及不快樂的家庭主婦，這算賢內助嗎？

我衷心期望大家都能快樂地成長，彼此打氣而非打擊。你既然愛我、娶我，定已對我有相當的認識。我能不能成為賢妻，全靠你能否欣賞我、支持我，一如我永遠相信我的丈夫潛能無限一樣。

身為女人是否遺憾，端看所嫁的人如何看待她。我相信，與其獨自暗泣、心有不甘，不如開誠佈公，說出真心話。

有一次，我到某銀行演講，念出上面這封信時，現場有位男士立即起立鼓掌。但在別的場合，我也碰過有些男士對我十分「反感」，表示「絕不讓老婆聽妳演講，以免跟妳學壞了」，以及「如果妳是我的老婆，早就把妳休了。」碰到這樣不尊重女性的男人，使我不得不更「強悍」起來（其實是「堅持」），否則，女人的夢想都會告吹。

婦女常覺得缺乏屬於自己的時間，因為工作時間太長、要兼顧工作與家務、要照顧家人。而換取自我時間的方式只有：尋求工作空檔、比家人早起晚睡，多以消極犧牲換取時間，並認為家務是自身責任，寧可犧牲睡眠也不求家人分擔，弄得自己身心俱疲。這種「鴕鳥」方式，其實並不聰明。

幸福一點靈

1. 太太有學識、有能力，才能幫助丈夫子女成功。一個傻太太、笨媽媽及不快樂的家庭主婦，算是賢內助嗎？
2. 碰到不尊重女性的男人，才使女性不得不「強悍」起來（其實是「堅持」），否則，女人的夢想都會告吹。

男性一樣能烹飪、育兒

根據勞保局統計，二〇〇九年五月開辦「育嬰留職停薪津貼」，至二〇一〇年三月止，申請人數達四萬零五百多人。勞工只要參加就業保險滿一年、家中有未滿3歲的小孩，即可在請假期間，領到半年「育嬰留職停薪津貼」（前六個月平均月投保薪資的六成計算，按月發給）。父母若都是就業保險被保險人，必須分別請領，一人申請半年；一名子女合計可領十二個月育嬰留停津貼。同一時間只能申請照顧一個小孩，如果生雙胞胎或同時撫養兩個以上小孩，就必須先申請一個，半年後再申請另一個。

前項統計，我國男性申請核付的比率，將近兩成，算很不錯囉！與瑞典的男人相較，瑞典同時兼有高女性就業率以及歐洲最高的出生率，與丈夫願意請假照顧小孩有關。研究指出，丈夫請親職假的家庭，更容易生第二個小孩，離婚風險也降低三成。男人應常自問：「怕失業，還是怕失去家庭？」多數瑞典男人休親職假後覺得，暫時從職場退下，是值得的。

瑞典的父職角色開始於伴侶準備懷孕時，政府為男人提供免費的「父親課程」，讓男人在心理和技能上，真正成為「育兒者」。瑞典的性別平等評比名列全球前茅，政府部門拍攝大量文宣海報鼓勵丈夫陪妻子一同產檢，及早參與育兒工作。

近年來，挪威政府也採取了系列政策，提高男性請育兒假的天數。政府不斷提醒雇主和人民，男性也有家庭生活的需求。一九八八年請育兒假的父親僅占約2%，二〇〇七年已高達90%。政府主張男女平均分擔家庭責任和家務，可以強化雙方關係、降低分手的可能性。但因男人照顧家人的經驗不足，所以政府在全國各地建置父親互助團體。

其實，男性在家務及育兒上，扮演非常重要的角色。幸福的家庭，多半因為男性能與妻子共同持家教子所致，包括母乳哺育、新生兒的健康及產婦的情緒，都與丈夫的支持與協助密切相關（詳參國民健康局「母乳哺育專區」或台灣母乳哺育聯合學會網站）。

「夫唱婦隨」是傳統美德，能否「婦唱夫隨」呢？報載一篇婚姻的故事，就十分動人。作者說，她的好友是個專職演說家，丈夫為了天倫之樂，決定辭掉自己的工作，帶著女兒一起陪伴妻子四處演說。試問，現今有多少丈夫能做到如此？這也應該算是現代美德吧！

幸福一點靈

1. 丈夫請親職假的家庭，更容易生第二個小孩，離婚風險也降低三成。
2. 「夫唱婦隨」是傳統美德，「婦唱夫隨」呢？應該屬現代美德吧！

愛的練習曲

1. 在你周遭，有多少男性樂於做家事、照顧小孩？
2. 當你與另一半有小孩時，打算如何請「親職假」？
3. 問問周遭男性，有多少人願意「婦唱夫隨」？

家庭暴力請走開

1
你老是這樣！
我才沒有！
害怕
姊，爸媽吵得好兇，他們會不會打起來啊？
2
別擔心，姊會保護你的。
如果演變成家暴的話……不行！我是姊姊，要挺身而出。好！我要說……
弟
3
不要這樣打我媽媽！
碰!!
勇氣！
用力開門
4
就說這個月不會再給你錢了。
家庭溝通？
有啤酒肚還喝？
拜託啦！讓我再買一打啤酒就好了啦！
由媽媽掌管財務

曾經十分相愛的人，為何會「變臉」到令人不敢置信？

為何一再隱忍、拖延？

二〇〇五年，臺北市議員呂瀅瀅坦承，結婚十年來，一直活在家暴陰影中。曾因她回家稍晚、跟別的男人講話，甚至漏接電話，就被丈夫拳毆或重摔、撞牆（詹三源，2005）：

真實案例停看聽

臺北市議員呂瀅瀅驚傳結婚十年來，長期遭到丈夫許志成毆打、羞辱，並曾一度離婚再辦理結婚。許志成只承認有「拉扯、爭執」，並說：「早上吵，晚上就好了，她不會離婚的。」

30歲的呂瀅瀅，三年前首次選上臺北市議員，有「議會之花」的美稱。呂瀅瀅當選的當天晚上，被許打得兩眼瘀青無法謝票。只要呂多跟別人聊幾句，許就傳簡訊罵呂「賤人」、「花痴」，有時還會甩呂耳光。呂有一次和一位女選民在外談事情，沒聽到許打來的電話，呂後來回電，就被許痛罵，懷疑她跟別的男人「混在一起」，回家起了口角，被許往牆壁摔，臉部都瘀青了，在呂媽媽的要求下，才向轄區派出所備案。

呂婚後才發現許會打女人，當上議員後，家暴的情形更嚴重，曾簽下離婚協議書，但顧慮外界觀感和擔心女兒的心靈受傷，又辦理結婚。

許志成否認施暴，他說，夫妻難免爭吵，會有拉扯，說是家暴太誇張。他承認自己比較大男人，講話比較直，但都是為了兩人好。白天他是議員的服務處主任，晚上是議員的先生，也許是角色的轉換沒有調適得很好。

呂瀅瀅8歲的女兒看到媽媽被爸爸打，曾躲在房內哭泣，告訴呂：「媽媽！如果爸爸生氣，妳就裝睡覺，他就沒有辦法；如果他打妳，妳就躲開，不要站在那裡被打。」她聽了很難過，大人的錯誤卻要孩子來承受。她說：「如果丈夫再動粗，我會向家暴防治中心求助和聲請家暴保護令；也不排除離婚，結束這段痛苦的婚姻。」兩人後來離異。

呂瀅瀅說，剛滿20歲認識許志成，對一切懵懵懂懂，半年後就嫁給對方。其實婚前許志成就對她動粗，但她被愛情沖昏頭，以為婚後會改變。十年婚姻中，丈夫經常口出三字經，罵她卑鄙、下流、下賤，不然就是一個拳頭打過來，讓她眼冒金星，更嚴重時還將她一把抓過去重摔在地上。呂瀅瀅說，許志成脾氣暴躁，有暴力傾向，結婚證書及相片都被他撕碎，家裡的門也被踹壞。她每天都活在恐懼中，害怕他像火山，隨時隨地會爆發。

會否施暴，與學歷地位無關，受暴者亦然；但高學歷、高社會地位的人，較不會公開自己受暴的事實。呂瀅瀅的丈夫婚前即會動粗，暴力行為屬於可預測型。前立委王雪峰的前夫王作良（臺大醫學系畢業），婚前對她是呵護備至，怎料……（王家俊，2009）：

真實案例停看聽

二〇〇九年十月，遭家暴的前立委王雪峰打破沉默，除出示身上傷痕，並證實遭嚴重家暴已近三年，且都是遭拳頭捶打頭部、頸部與肩部，「那種打法會死人的！」

結婚七年，如今是否還眷戀婚姻？對於夫妻走到今天這個地步，王雪峰嘆了一口氣：「有時候覺得人生、身體這麼糟糕，我也覺得蠻傷心。你們看看以前的我是怎樣子的，對啊！到底……」王作良出面反駁家暴指控，指自己反而常被王雪峰打。

受暴婦女不分學歷、社會地位，都應主動接受專業人員，提供法律、生活等保護和協助。若受害婦女不願求助，則要有隨時攜帶行李、生活費的安全計畫，一遇家暴，趕緊躲到安全處尋求庇護。若不懂得家暴求助，長久壓抑之下，即可能發生更大的悲劇，如報載（包希勝、熊迺祺，2006）：

真實案例停看聽

潘婦向警方表示，她有重度憂鬱症，領有殘障手冊，和丈夫長期不和，常遭辱罵和毆打。前天下午，她和丈夫到丈夫哥哥家，夫妻起爭執，被丈夫辱罵並毆打，她獨自返回住處。晚上丈夫酒後返家，又對她打罵；之後丈夫躺在客廳沙發上看電視，隨後睡著。她愈想愈氣，拿起家中十字鎬柄，死命敲打丈夫頭部十三下，再拿美工刀割下丈夫生殖器。不記得割了幾刀，然後通知大樓警衛，幫忙叫救護車，夫送醫不治，主要死因是顱內出血。潘姓婦人依殺人罪嫌移送法辦，並向法院聲押獲准。

除了因忍受不了長期家暴而反擊，也可能會遭到施暴者殺害；或對方一再以死相逼，以致「歹戲拖棚」。二〇一一年年初，陳姓女子參加于美人主持的節目《非關命運》，哭訴自己遭到前夫家暴，「他每次喝了酒，就想打人」。原本以為離婚後可以逃過一劫，同年五月她返回住家，向前夫追討三萬元債務，前夫盛怒之下，竟拿起梳妝臺上的剪刀刺死陳女，法院判決陳姓男子無期徒刑。于美人對於陳女上節目而遭前夫殺害，自責不已。

二〇一一年六月，彰化一名男子到社會處，要求與家暴被安置的前妻見面。因見不到前妻，竟取出預藏手槍，抵住太陽穴意圖自殺，幸好警察及時將他制伏。這名37歲男子，與大他9歲的前妻結婚十四年，育有一子二女。但他脾氣火爆，動輒對妻子動粗，先後七次家暴。兩人已於一年半前離婚，但他仍對前妻舊情難捨，兩人分分合合。

幸福一點靈

1. 會否施暴，與學歷、社會地位無關。只是高學歷、高社會地位的人，更不肯承認自己施暴或受暴的事實，拖延了求助與脫困的時機。
2. 遭到家暴若不懂得求助，長久壓抑之下，可能會發生更大的悲劇。

面臨家暴的自救方法

婦女救援基金會提醒，打人是犯罪行為，被打不丟臉，打人才可恥。不要擔心，《家庭暴力防治法》會提供法律的保障，重要的條文摘要如下：

第二條　本法用詞定義如下：

一、家庭暴力：指家庭成員間實施身體或精神上不法侵害之行為。

三、騷擾：指任何打擾、警告、嘲弄或辱罵他人之言語、動作或製造使人心生畏怖情境行為。

四、跟蹤：指任何以人員、車輛、工具、設備或其他方法持續性監視、跟追之行為。

五、加害人處遇計畫：指對於加害人實施認知教育輔導、心理輔導、精神治療、戒癮治療等。

第三條　本法所定家庭成員，包括下列各員及其未成年子女：

一、配偶或前配偶。

二、現有或曾有同居關係。
第八條　直轄市、縣（市）應設立家庭暴力防治中心，辦理下列事項：
一、提供廿四小時電話專線服務。
二、提供被害人廿四小時緊急救援、協助診療、驗傷、採證及緊急安置。
三、提供或轉介被害人心理輔導、經濟扶助、法律服務、就學服務、住宅輔導，並以階段性、支持性及多元性提供職業訓練與就業服務。
四、提供被害人及其未成年子女短、中、長期庇護安置。
五、轉介被害人身心治療及諮商。
六、轉介加害人處遇及追蹤輔導。
第十條　被害人得向法院聲請通常保護令、暫時保護令。
第十四條　法院於審理終結後，認有家庭暴力之事實且有必要者，應依聲請或依職權核發包括下列一款或數款之通常保護令：
一、禁止相對人對於被害人或其特定家庭成員實施家庭暴力。
二、禁止相對人對於被害人為騷擾、接觸、跟蹤、通話、通信或其他非必要之聯絡行為。

三、命相對人遷出被害人之住居所；必要時得禁止相對人就該不動產為使用、收益或處分。

四、命相對人遠離下列場所特定距離：被害人之住居所、學校、工作場所或其他被害人或其特定家庭成員經常出入之特定場所。

五、定汽車、機車及其他個人生活、職業或教育上必需品之使用權；必要時，並得命交付之。

六、定暫時對未成年子女權利義務之行使或負擔，由當事人之一方或雙方共同任之、行使或負擔之內容及方法；必要時，並得命交付子女。

七、定相對人對未成年子女會面交往之時間、地點及方式；必要時，並得禁止會面交往。

八、命相對人給付被害人住居所之租金或被害人及其未成年子女之扶養費。

九、命相對人交付被害人或特定家庭成員之醫療、輔導、庇護所或財物損害等費用。

十、命相對人完成加害人處遇計畫。

十一、命相對人負擔相當之律師費用。

十二、禁止相對人查閱被害人及受其暫時監護之未成年子女戶籍、學籍、所得來源相關資訊。

十三、命其他保護被害人或其特定家庭成員之必要命令。

第十五條　通常保護令之有效期間為一年以下，自核發時起生效。通常保護令失效前，法院得依當事人或被害人之聲請撤銷、變更或延長之。延長之期間為一年以下，以一次為限。

第十六條　法院核發暫時保護令或緊急保護令，得不經審理程序。

法院於受理緊急保護令之聲請後，依聲請人到庭或電話陳述家庭暴力之事實，足認被害人有受家庭暴力之急迫危險者，應於四小時內以書面核發緊急保護令，並得以電信傳真或其他科技設備傳送緊急保護令予警察機關。

第二十九條　警察人員發現家庭暴力罪之現行犯時，應逕行逮捕之。

當你被先生（太太）、同居人、男（女）朋友恐嚇或毆打時，該怎麼辦？

正確做法如下：

撥打求助電話

- 家暴及性侵害全國保護專線：113
- 內政部家庭暴力防治委員會：02-23583366
- 婦女救援基金會：02-25558595

就醫驗傷

家庭暴力受害者的許多醫療服務（包括驗傷單）都是免費的，任何費用、醫療或驗傷問題（包括若醫生拒開驗傷單），都可以請醫院的社會服務室協助。

報警

警察抵達現場後，會依現場狀況適當隔離雙方，並嚴予監控加害人，甚至可以現行犯直接逮捕加害人。另外，也可以請警方製作「處理家庭暴力案件調查紀錄表」及「處理家庭暴力案件現場報告表」，以作為報案及將來聲請保護令、提出告訴的依據。

尋找安全的住居所

例如：警察局、旅館、親人或朋友的家，如果情況緊急找不到住的地方，可以打電話到廿四小時服務的家庭暴力防治中心求助，或前往各縣市警察局，他們會安排你到最近的緊急庇護所暫時居住。如果孩子也有危險或年齡還小，因為你仍擁有孩子的監護權，可以帶孩子一起離開。

通報家庭暴力防治中心

家暴中心有協助處理家庭暴力的社工員，你可尋求緊急協助或是了解一些資訊。

找個值得信任的人商量

或許是你的某個親人或朋友，也可以是你曾經詢問過的社工員，只要他是你可以放心去談的對象。他不一定能提供解答，但是透過與他的談話，你可以釐清自己的想法和處境，為自己做出決定，究竟該選擇離開還是留下來。

有暴力傾向或紀錄的人，通常愈打愈兇；為了保護你的安全，一旦發現暴力徵兆，趕快想藉口離開，到鄰居家或外出均可。有些人的暴力行為看似沒有任何預警，但仔細觀察後會發現，每次暴力來臨前都會有些訊號，如臉色變得很難看、無理的挑剔、逼著你要錢等，因此要對這些訊號提高警覺。

近來，男性遭家暴的比率也逐年升高，且男性也能逐漸拋開面子，勇於聲請保護令。男女受到家暴，向專業機構求助的比例約為一比十，主要是因為男性怕被嘲笑；所以雖然男性求助案件日增，但還有很多「隱性」個案。

幸福一點靈

1. 對於家庭暴力受害者的許多醫療服務（包括驗傷單）都是免費的，任何費用、醫療或驗傷問題（包括若醫生拒開驗傷單），都可以請醫院的社會服務室協助。

2. 每次家庭暴力來臨前都會有些訊號，如臉色變得很難看、無理的挑剔、逼著你要錢等，因此要對這些施暴訊號提高警覺。

愛的練習曲

1. 看到社會上那麼多家暴悲劇，你有什麼感想？
2. 在你周遭，有人遭遇過配偶或男（女）朋友施暴嗎？他們如何面對與處理？
3. 你覺得自己可能成為施暴者或受暴者嗎？為什麼？

婚姻變奏曲：外遇與離婚

就知道你在外面養小三，那女人有那麼好嗎？
狐
我還是愛妳的啊！那女人只是身材比妳好，又比妳年輕幾歲罷了……至少妳做的菜比她好吃太多了！
手足無措
夠了！我們離婚吧！

婚前的背叛與婚後的外遇，哪個更讓人心痛？如何才能不致損失慘重？先看看別人的遭遇。

處理外遇的「智慧」

前籃球國手、中華隊總教練李雲光爆出婚外情。李雲光為臺北市立體育學院副教授，一九九七年到一所中學教籃球時，認識年僅15歲的蕭女，兩人從師生變成朋友，三年前發生婚外情。李妻於前年六月發現丈夫出軌，為了孩子而選擇原諒，李也簽下切結書保證不再犯。未料李與蕭女還是藕斷絲連，李妻發現後怒告兩人通姦，板橋地檢署依通姦罪起訴兩人（饒磐安、楊育新，2011）。

謝霆鋒與張柏芝的婚變，也與外遇有關。二〇〇八年初，「香港藝人艷照」事件爆發，張柏芝與陳冠希的數張大尺度艷照廣泛流傳，給鋒芝婚姻帶來極大的考驗，當時盛傳兩人感情破裂、離婚在即。但謝霆鋒卻表示，自己在婚前已經了解張柏芝的為人，希望這件事早些過去，他和張柏芝會更加珍惜彼此。謝霆鋒受訪時說了不少令人感動的「愛妻宣言」，如「沒事，有老公在」、「我和太太的婚姻是永恆的」、「有她在，我不用擔心家裡的所有事情」。

然而二〇一一年五月，張柏芝與陳冠希的「機艙合照」事件，令媒體和公眾再次翻出「艷照事件」舊帳。「鋒芝婚變」曝光，負面消息不斷；謝霆鋒的父親謝賢說：「我覺得人和人之間的緣分完了也就完了，希望他們彼此都能冷靜下來，不要再互相指責，好好處理完這件事。」離婚後，兩人將共同撫養兩個兒子，謝霆鋒需付生活費給妻兒。

二〇一〇年，以《攻其不備》*(The blind side)* 一片獲得奧斯卡影后的珊卓布拉克的婚姻也亮起紅燈。在爆出老公和刺青女偷情的緋聞之前，珊卓已和老公形同分居，原訂要參加的《攻其不備》的倫敦首映會也缺席。兩人結婚五年，珊卓屢屢在領獎時，把事業成功歸功於家庭幸福。

二〇一〇年，職業男子高球天王老虎伍茲，在結婚六年並育有兩個小孩之後，也發生婚外情。雖然伍茲又是道歉又是悔改，但都無法阻止妻子艾琳離婚的決心。伍茲須付給妻子七億五千萬美元的分手費，這是伍茲身家的四分之三，一對兒女的監護權則全部交給艾琳。

二〇一一年，美國加州前州長阿諾史瓦辛格，跟妻子瑪麗亞廿五年的婚姻告終。瑪麗亞以「無法化解的歧異」為由，向加州法院訴請離婚。由於兩人沒簽婚前協議，她有權抱走兩億美元的家產。阿諾夫妻於一九八六年結婚，瑪麗亞為了阿諾放棄主播生涯。二〇〇三年，阿諾參選州長時爆出性醜聞，她力挺阿諾，卻換來丈夫劈腿背叛。阿諾於二〇一一年五月，閃電宣布跟妻子分居，承認跟女傭生了現年14歲的私生子。阿諾夫婦育有三男一女，離婚後共同擁有兩個未成年兒子的扶養權。

看到這些名人毅然離開舊愛、結束婚姻，給你什麼啟發？

幸福一點靈

1. 人和人之間的緣分結束了就結束了，彼此都應冷靜下來，不再互相指責，好好結束這段婚姻或情感。
2. 處理外遇問題需要很大的智慧，無論是選擇原諒對方或是結束婚姻，都必須審慎思考，切勿因為一時的衝動而做了讓自己後悔莫及的決定。

配偶外遇，不是走入人生的「死巷」

很多外遇的新聞，被窮追猛打的不是出軌的配偶，而是介入別人婚姻的第三者，彷彿千錯萬錯都是第三者的錯。如果不是他（她）的勾引，另一半不會背叛婚姻與家人，真是如此嗎？

從前大家都說「男人逢場作戲」，就算男人犯再多的錯，妻子還是願意原諒他「一時迷惑」。男人就算外遇，依然不影響家庭和工作，老婆還會現身力挺；相反地，男人卻很少有這等雅量，接納及力挺外遇的老婆。為何會有雙重標準？

當老公去外地工作而「犯了天下男人都會犯的錯」時，如果女人氣得想離婚，夫家可能會罵媳婦不懂事，娘家可能還勸她不要離婚、多為小孩著想。此時，還有什麼路可走？

面對配偶外遇，難道只有「委曲求全」、「顧全大局」的犧牲方式？到底還能怎麼做？據新聞報導，曾有婦人因丈夫另結新歡，為了「成全」對方，竟帶著6歲女兒及2歲兒子燒炭自殺身亡。這不是成全而是報復吧！

兒女何其無辜！就算自己一個人走上絕路，孩子們也永遠失去了母親，仍是無盡的傷痛啊！

也許你決定挽回婚姻，也許你決定放手，也許你沒有孩子、較沒牽絆。無論如何，配偶外遇不代表人生走上「絕路」，不必按照傳統的觀點或旁人的勸告走，先讓自己振作起來，才有辦法抓到正向力量，走出活路來。

幸福一點靈

1. 面對配偶外遇，不是只有「委曲求全」、「顧全大局」的犧牲方式可走。
2. 配偶外遇不代表人生走上「絕路」，先讓自己振作起來，才有辦法抓到正向力量，走出活路來。

愛的練習曲

1. 據你的觀察，中國式的夫妻面對外遇，通常會怎麼處理？
2. 因配偶外遇而自殺（甚至帶著兒女一起死）的人，是什麼心理？

3.當配偶外遇，如何「抓到正向力量，走出活路來」？

戀愛教室Q&A

Q：打過配偶或同居人，真的不可原諒嗎？打過一次就還會再動手嗎？

A：當你被打，因為你深愛他，可能會因為他的道歉、懺悔而心軟，想原諒他一次試試看。既然是試試看，就不要掉以輕心，除了一定要保護自己之外（包括將此事告訴你可以信任的人），還要保持清醒地真正認識他。

最後要對你說的

希望正在讀這本書的你，無論已經遇見幸福，或是還在等待幸福，都能了解「情愛溝通」的重要性並身體力行之。獻上我一對學生情侶的照片，祝福你也能像他們一樣，幸福、快樂！

參考資料

〈Super Boy & Baby Girl——男生請注意！〉，《性不性由你網站》。引自 http://ad.url.com.tw/images/sex/super_01.htm。

今日新聞網國際中心（2011 年 7 月 25 日）。〈紐約同性婚姻合法首日，阿嬤搶頭香〉，《今日新聞網》。引自 http://www.nownews.com/2011/07/25/334-2730200.htm。

今日新聞網影劇中心（2010 年 10 月 21 日）。〈王玫的成人之美，瓊瑤名導劉立立病榻上與董今狐完婚〉，《今日新聞網》。引自 http://www.nownews.com/2010/10/21/91-2656863.htm#ixzz1bOU6pyWt。

王光慈（2011 年 7 月 26 日）。〈聲樂家同性婚，在加國獲尊重〉，《聯合報》，A16 版。

王長鼎、游明煌、楊竣傑（2011 年 9 月 2 日）。〈林萬億與助理開房間，妻飯店堵人〉，《聯合報》，A1 版。

王家俊（2009 年 10 月 17 日）。〈王雪峰：那種打法會死人〉，《蘋果日報》。

王萬清。〈婚姻契約——兩性平等的具體實踐〉，《兩性關係手冊》。引自 http://www2.nutn.edu.tw/gac690/doc/%E5%85%A9%E6%80%A7%E9%97%9C%E4%BF%82%E6%89%8B%E5%86%8A/s_share_1_book_15.htm。

包希勝、熊迺祺（2006 年 6 月 12 日）。〈家暴？亂棒殺夫，割他命根〉，《聯合報》，

A7 版。

台灣幸福教育協會（2010 年 6 月 29 日）。〈錯誤避孕當常規？台灣幸福教育協會公布青少年性教育大調查，台灣青少年避孕常識普遍不及格〉，《台灣幸福教育協會網站》。引自 http://www2.cna.com.tw/postwrite/cvpread.aspx?ID=62027。

台灣性別人權協會（2011 年 3 月 23 日）。〈性別人權〉。教育部人權諮詢暨資源中心。引自 http://hre.pro.edu.tw/zh.php?m=16&c=1300861424&highlight=%E6%80%A7%E5%88%A5%E4%BA%BA%E6%AC%8A。

何定照（2011 年 9 月 19 日）。〈同志婚不合法，愛情要國家認可，「怪異又荒謬」〉，《聯合報》，A12 版。

何定照（2011 年 9 月 19 日）。〈低調兩年，作家陳雪，臉書坦承女女婚〉，《聯合報》，A12 版。

何祥裕（2008 年 12 月 23 日）。〈簽億元出軌契約，婚後 4 月就偷腥〉，《聯合報》，A11 版。

何祥裕（2009 年 9 月 2 日）。〈虐殺女友錄影，香水達人求處死刑〉，《聯合報》，A7 版。

呂開瑞（2010 年 12 月 12 日）。〈恐怖情人，法官堅持羈押〉，《聯合報》，A10 版。

邱俊吉（2007 年 10 月 20 日）。〈只為了愛，夫推腦萎妻徒步環島〉，《蘋果日報》。

林順良（2010 年 12 月 1 日）。〈同床睡挨罵，2 少女自殺〉，《聯合報》，A11 版。
阿端 (2005)。〈濺血的蜜月灣——受踐的同志空間與人身安全〉，《2005 認識同志手冊》。引自 http://hotline-ttha.myweb.hinet.net/。
苗君平（2011 年 9 月 20 日）。〈網路恐怖情人，25 歲男刺死高二女，再自殺〉，《聯合報》，A3 版。
酒井順子 (2006)。《敗犬的遠吠》。臺北：麥田。
梁玉芳（2011 年 8 月 29 日）。〈瑞典／奮鬥十年，她她結婚生子〉，《聯合報》，A9 版。
許韶芹（2008 年 12 月 10 日）。〈不婚、經濟獨立……十大特質，妳是粉領族敗犬女王？〉，《聯合報》，B2 版。
陳炳宏（2011 年 9 月 26 日）。〈全球避孕調查／台灣女首次性經驗，5 成 6 都沒避孕〉，《自由時報》。
陳國偉（2008 年 12 月 15 日）。〈朱木炎、楊淑君，驚傳分手〉，《蘋果日報》。
陳雪 (2005)。《惡女書》，頁 223–224。臺北：印刻。
陳智華（2011 年 9 月 2 日）。〈林妻很保護先生〉，《聯合報》，A2 版。
陳麗婷（2011 年 7 月 16 日）。〈官方計墮胎約 24 萬人次〉，《中央社》。引自 http://news.cts.com.tw/cna/life/201107/201107160779879.html。
黃煌權（2010 年 11 月 9 日）。〈魚販殺妻，情敵塞車內沉魚塭〉，《聯合報》，A8 版。

楊起鳳（2010年10月21日）。〈45年三人行，導演劉立立，病危中完婚〉，《聯合報》，A1版。

楊靜利、李大正、陳寬政(2004)。〈台灣結婚率與婚姻配對模式之變遷〉。行政院國科會。

詹三源（2005年10月2日）。〈結婚10年，家暴10年，北市議員呂瀅瀅繼續忍〉，《聯合報》，A7版。

詹建富（2008年12月25日）。〈女大學生調查，做愛要設防，不能光靠事後服藥〉，《聯合報》，E2版。

鄒秀明（2010年1月11日）。〈涼麵情緣，平凡上班族娶到頂新千金〉，《聯合報》，A1版。

廖輝英(2010)。《窗口的女人》。臺北：九歌。

趙容萱、蔡佳妤（2011年5月24日）。〈國二女廁所生產，冲入馬桶〉，《聯合報》，A8版。

臺灣青少年性別文教會（2011年4月10日）。〈中小學是教導多元性傾向的最好時機，支持教育部在中小學教育納入同志教育〉。引自 http://npo0032.npo.nat.gov.tw/index.php?mod=activities&aid=234。

劉墉(2006)。《展現自己，神采飛揚》，頁105–108。臺北：水雲齋。

鍾素英、湯淑慧。〈他是危險人物評量表〉，《心靈診所網站》。引自 http://ksph.kcg.gov.tw/4/danger/prm.php。

簡榮輝、羅建旺、吳淑君（2011 年 9 月 2 日）。〈教唆小男友，情人節買凶殺夫〉，《聯合報》，A10 版。

羅燦煐 (1999) 。〈變調的約會：青少年約會強暴之防範〉。引自 http://www.ptvs.kl.edu.tw/department/counseling/news.html。

蘋果日報突發中心（2004 年 1 月 6 日）。〈敢分手殺你全家，癡男殺姐妹花，四死一重傷〉，《蘋果日報》，頭版。

蘇位榮、陳世昌（2010 年 7 月 10 日）。〈婚姻誓約，不當回事，外交官判賠〉，《聯合報》，A10 版。

釋昭慧（2006 年 8 月 26 日）。〈「同志」豈必承負罪軛？〉，《弘誓雙月刊》，83 期，2006 年 10 月。引自 http://www.awker.com/hongshi/mag/83/83-2.htm。

饒磐安、楊育新（2011 年 5 月 21 日）。〈教球教出籃球火，李雲光爆婚外情〉，《聯合報》，A3 版。

饒磐安（2010 年 12 月 26 日）。〈悲傷網路相簿……生產那天，老公陪情婦〉，《聯合報》，A13 版。

饒磐安（2011 年 9 月 16 日）。〈惡質男友不滿女友分手，PO 性愛影片〉，《聯合報》，

B1 版。

Desolatedfly（2010 年 9 月 23 日），〈918 高雄同志大遊行——擁抱玫瑰少年——葉媽媽的話〉。引自 http://blog.yam.com/desolatedfly/article/31030154。

Emerald（2009 年 9 月 13 日）。〈婦唱夫隨走天涯〉，《聯合報》，D1 版。

Towel Cheng（2011 年 5 月 12 日）。〈大專院校之性別社團聯合聲明稿〉。引自 http://sites.google.com/site/ejegender/ping-tai-yuan-you/lian-shu-sheng-ming/dazhuanyuanxiaozhixingbieshetuanlianheshengminggao。

推薦閱讀

【LIFE系列】

幸福在我之內

王理書／著

再也不會不幸福了，
因為，我已從無常的外境浮沉中穩住，
轉向內在永恆的幸福之光。

幸福，是人生中重要的追尋目標，但幸福到底在哪裡呢？幸福很遙遠嗎？每個人都能夠擁有幸福嗎？本書將揭露幸福的祕密——幸福在我之內。本書作者依據多年來心理諮商、心靈修行、工作坊的經驗，剖析現代人追尋幸福的盲點，藉由實際案例與自己的親身經歷，帶領讀者從承認、看見、相遇、實踐愛的步驟中，看到幸福的可能，並深刻體認到：幸福的努力，不只是外在的追尋，更是內在的修行。幸福在我之內，強調幸福與否由我來決定——當我在愛中，當我用愛來開啟行動，我就是幸福。

【LIFE系列】

幸福易開罐

易聖華／著

你快樂嗎？
現代人物質生活越來越富足，為何幸福感越來越低落？
為什麼事業成功的人卻覺得自己不幸福？
你，為自己的幸福打幾分？

本書是作者透過對生命、自然的體悟，向俗世生活進行全新的觀照。作者以日常生活中活生生的事例，入情入理的分析，逐步揭開幸福的祕密。作者提出幸福是一種整體不可分割的概念，幸福生活包括四大主幹：情愛、事業、健康、性靈，並娓娓道來四者之間和諧並進，均衡發展的祕訣。深邃的哲思、輕鬆靈動的文學美感，是現代都市男女思想的體操、心靈的雞湯，也是工作生活的指南。

【LIFE系列】

與時間賽跑——擺脫瞎忙的40個法則

王淑俐／著

什麼是時間管理？時間又該怎麼妥善運用？
在一陣「瞎忙」之後，還是一事無成嗎？

本書作者從觀念與行為兩大主題著手，先從時間管理的概念談起，再說明如何將時間做有效率的安排，讓您輕鬆掌握時間管理的奧祕，擺脫終日忙、茫、盲的窘境，化身為時間管理的高手！